INCONCEVABLE

Inconcevable

vie de famille avec
Dépression, Addiction, et Amour

mémoire de

José Campion McCarthy

LUMINARE PRESS
WWW.LUMINAREPRESS.COM

INCONCEVABLE
vie de famille avec Dépression, Addiction, et Amour
Droit d'auteur © 2022 José Campion McCarthy

Tous droits réservés. Toute représentation ou reproduction intégrale ou partielle faite sans le consentement de l'auteur ou de ses ayants droit est illicite. L'usage d'une brève citation dans une revue est autorisé.

Imprimé aux États Unis d'Amérique

Couverture et Design Intérieur par Claire Flint Last

Luminare Press
442 Charnelton St.
Eugene, OR 97401
www.luminarepress.com

LCCN: 2022917945
ISBN: 979-8-88679-098-6

Ce livre est dédié à toutes les familles qui ont subi les mêmes désastres que la nôtre.

Note de l'auteur.
J'ai choisi l'orthographe rectifiée officiellement en 1990.

Contents

Alarme 1

Encore une Enfant 6

Avant 16

Un Endroit de Rêve 26

La Peur et l'Espoir 35

La Douleur Cachée 49

L'Emprise de la Mort 62

Les Sables Mouvants 70

Les Montagnes Russes 83

À la Dérive 97

Une Double Vie 113

La Triste Réalité 121

Le Tendre Assassin 136

Après 157

Depuis 169

CHAPITRE 1

Alarme

Des réverbères illuminaient la piste de patin à glace dans l'obscurité d'une fin d'après-midi en décembre 1987. Les gens portaient des manteaux et des écharpes aux couleurs vives, et des haut-parleurs diffusaient des chants de Noël.

Je regardais ma fille Morgane essayer de patiner sans perdre l'équilibre. Elle venait d'avoir treize ans et, ayant beaucoup grandi, ne semblait pas encore habituée à ses longs bras et jambes. Mais son visage, sous des cheveux raides coupés courts, était encore celui d'une enfant. Quand elle a fait demi-tour pour patiner vers moi, j'ai été si alarmée par ses traits tirés, sa pâleur spectrale et son regard vacant que je me suis agrippée à la barrière de bois qui entourait la piste, en essayant de lire sur son visage ce qui la troublait.

Mon mari Michael et moi avions emmené nos plus jeunes enfants, Morgane et Nicolas, pour une semaine à la montagne, à deux heures de distance de chez nous. Quand elle avait appris que sa sœur ainée ne viendrait pas en vacances avec nous, mais qu'elle irait chez des amis, Morgane avait demandé à rester à Eugene avec son amie Amy. Faisant remarquer que Maia était en terminale au lycée et pas en quatrième comme elle, j'avais insisté pour qu'elle vienne. Par ailleurs, elle ne semblait pas aller bien, elle était nerveuse et irritable, et je ne l'aurais pas laissée seule.

Morgane avait rencontré Amy, une petite rousse menue et vive qui avait le sourire facile, au début de l'année. Au début, les filles venaient souvent chez nous après l'école, jouant dans la maison ou sautant sur le trampoline dans le garage. Mais, depuis la rentrée des classes en automne, c'est Morgane qui allait chez Amy et elle y restait de plus en plus longtemps.

Elle avait passé trois jours là-bas après la fête de Thanksgiving, en novembre. Quand elle est rentrée à la maison le dimanche à la tombée de la nuit, j'ai remarqué qu'elle avait des cernes sous les yeux. " Morgane, qu'est-ce qui ne va pas ? "

Elle a répondu : " Ça va, Maman, " d'un ton désinvolte, a laissé tomber son sac archi plein par terre, et enlevé son manteau. Son pull pendait de ses épaules.

" Tu as maigri. "

" Mais non. Tu te fais trop de souci. "

Elle a quitté la pièce et je me suis tournée vers Michael, qui préparait des légumes. " Elle n'a pas l'air bien. "

Il a haussé les épaules. " Mais non, elle va très bien. "

Je m'inquiétais depuis quelque temps. Étant psychiatre, je savais que les jeunes pouvaient se procurer des drogues à tous les coins de rue. J'ai appelé la mère d'Amy et, après l'avoir remerciée d'avoir invité Morgane, je lui ai demandé : " Qu'ont fait les filles ? Elle a l'air un peu malade, est-ce qu'elles sont sorties ? "

Elle m'a répondu que non, qu'elles avaient travaillé sur des projets d'art et regardé des films. " Elles se sont peut-être couchées trop tard. "

Michael m'a arrêtée quand je lui ai dit que j'étais encore mal à l'aise. " Il faut que tu apprennes à faire confiance aux gens. " Il a versé de l'huile dans un wok, y a ajouté les légumes, puis m'a regardée fixement, les mâchoires serrées. " Elle a de bonnes notes, elle rentre à la maison tout de suite après l'école. Lâche-la un peu. "

Je restais souvent tard au bureau ou à l'hôpital, alors que Michael était à la maison l'après-midi quand les enfants rentraient de l'école, et il bavardait avec eux de ce qu'ils avaient fait pendant la journée. Son attitude impliquait que son opinion avait plus de poids que la mienne.

J'avais tendance à surprotéger Morgane. Elle était devenue presque aveugle à l'âge de quatre ans à cause de cataractes congénitales, et avait été opérée des yeux plusieurs fois. Depuis ces opérations, elle pouvait voir les couleurs dans toute leur vivacité mais, sans lunettes, les formes n'étaient pas plus claires que ce qu'on distingue du fond d'une piscine. À douze ans elle avait convaincu son ophtalmo qu'elle était assez responsable pour porter des lentilles de contact. Elle avait enfin pu jeter les lunettes aux verres épais qui rendaient ses yeux énormes, ce dont ses camarades de classe se moquaient.

Depuis, elle avait appris à cacher sa mauvaise vue à de nouvelles connaissances, résolue à les joindre dans tout ce qu'ils faisaient, que ce soit sur une bicyclette ou sur des skis.

À la montagne, Morgane et Nicolas ont skié avec leur père sous un ciel radieux. Elle a avoué à Nicolas que, quand elle s'envolait dans une descente, elle fermait les yeux parce que, de toute façon, elle n'y voyait rien. Je ne pouvais pas skier, alors je me promenais et lisais.

Mais j'étais inquiète à propos de Morgane. Un soir, me lavant les mains avant le diner en même temps qu'elle, j'ai regardé son visage pâle et émacié dans le miroir. " Dis-moi pourquoi tu as l'air si malade. Est-ce que tu prends des drogues ? "

Elle a reculé d'un pas, détourné le regard, et serré les lèvres. Elle a dit, en martelant chaque mot : " Je vais bien. Je ne fais rien de mal. " Et elle est vite sortie pour aller à la salle de restaurant.

Elle a commandé un steak saignant et taquiné Nicolas, qui avait décidé d'être végétarien, en lui mettant un morceau de viande sous le nez. Elle s'est penchée vers lui, plissant les yeux et pinçant les lèvres de façon mélodramatique, et a chuchoté de la voix éraillée d'une sorcière : " Tu veux un peu de ça, mon petit garçon ? Des bonnes protéines pour toi. "

Nicolas a fait une grimace de dégoût et tourné la tête de l'autre côté, mais ses yeux riaient. C'était évident qu'il était sensible à l'attention qu'elle lui portait. Il adorait Morgane, de trois ans son ainée, et son côté anticonformiste.

Quand elle nous a entendu rire, elle s'est tournée vers Michael et moi en nous lançant un coup d'œil triomphant. Elle savait comment apaiser ses parents, en étant drôle et gentille avec son frère, et en mangeant tout ce qu'il y avait sur son assiette. Sa confiance dans notre amour pour elle l'a fait sourire, et un flot de tendresse s'est répandu en moi comme une coulée de miel.

J'ai décidé de la laisser tranquille pour le moment et de profiter de nos vacances autant que possible. Elle et moi avons loué des chevaux un après-midi, et j'ai savouré la rondeur du cheval sous mes cuisses, l'odeur fermentée de son corps chaud dans l'air froid de la forêt, la force de Morgane qui chevauchait bien droite, et son sourire quand elle s'est retournée vers moi en se penchant pour caresser le cou de sa monture.

Le jour de Noël, la veille de notre départ, nous avons ouvert les cadeaux et Morgane semblait en meilleure santé. Après une semaine de repos, de sport et d'agréables échanges avec nous, elle était plus animée.

Mais j'étais encore sur mes gardes. Les enfants dormaient dans le salon de notre suite, dans un grand lit qui se repliait contre le mur. Un soir, quand je suis entrée pour leur dire d'éteindre la télévision et de dormir, j'ai trouvé la pièce vide et mon cœur s'est arrêté de battre. Je me souviens de ce moment comme d'une image dans un film d'horreur, en noir et blanc, sans le son : les enfants ont disparu et leur mère, bouche grande ouverte, hurle pour qu'on les lui rende.

Un instant plus tard, le son de leur rire assourdi a restauré couleur et mouvement à la scène, et je me suis dirigée vers l'endroit d'où venait le bruit. Ils avaient fait basculer le lit contre le mur en se cachant à l'intérieur. Quand j'ai tiré pour l'ouvrir, des oreillers, un drap, et deux enfants ravis du succès de leur blague ont dégringolé par terre. Et leur joie a apaisé mon angoisse.

CHAPITRE 2

Encore une Enfant

De retour à la maison après nos vacances, je voulais rester vigilante mais ne savais pas comment interpréter le teint pâle de Morgane et son regard voilé par la tristesse. Ses épaules voutées, et la façon dont elle trainait les pieds pour aller au frigidaire prendre du lait pour son petit déjeuner, m'envoyaient un message de défaite. J'avais traité de nombreuses personnes déprimées et dépendantes de drogues, mais mon expérience personnelle comptait encore plus. Morgane pouvait avoir hérité de la dépression récurrente dont je souffrais, ou partager l'addiction avec son père.

Quand je leur disais que je me faisais du souci pour eux, Michael et les enfants se plaignaient que je ne leur faisais pas confiance. Sachant que la peur altère les perceptions et fausse le jugement, je devais faire attention. J'avais parfois tort mais, dans d'autres cas, j'avais eu raison de m'inquiéter. Alors j'ai examiné Morgane pour m'assurer qu'elle n'avait ni fièvre ni signes d'infection, et je lui ai demandé si elle avait des douleurs ou autres symptômes. Je n'ai rien trouvé d'inquiétant, et me suis dit que je l'emmènerais chez notre médecin pour un examen complet si elle avait toujours l'air malade dans une semaine.

Quelques jours après Noël, Maia était avec des amis et Nicolas jouait dehors avec les enfants voisins. Morgane s'ennuyait toute seule alors, quand elle a demandé si elle pouvait passer la nuit chez une amie d'école, son père et moi avons accepté.

Tôt le lendemain matin, quand je la croyais encore endormie chez son amie, on a sonné à la porte et Michael et moi sommes allés dans l'entrée. Par la partie vitrée de la porte, j'ai vu la silhouette d'un jeune homme sur un fond de ciel gris. Il avait un bras autour de la taille de Morgane et l'autre levé vers la sonnette. Quand Michael lui a ouvert la porte, j'ai examiné son visage pour voir si je le connaissais mais je ne l'avais jamais vu ; il avait l'air d'avoir environ vingt ans. Il a gardé les yeux baissés et, sans dire un mot, a doucement poussé Morgane vers Michael, puis il s'est retourné et a couru vers sa voiture.

Morgane semblait encore plus maigre que la veille, comme une poupée de chiffon mal rembourrée, incapable de tenir la tête droite. Elle titubait, et ses paroles incohérentes et l'odeur d'alcool sur son haleine montraient clairement qu'elle était ivre. Elle n'a pas résisté quand je l'ai mise dans ma voiture et emmenée au laboratoire pour faire des analyses de sang et d'urine. Je n'ai pas consulté Michael, assez de mensonges, je voulais des faits.

Les résultats sont arrivés par téléphone quelques heures plus tard, autour de midi le 31 décembre. Je suis allée à la cuisine où Michael faisait du café. Un bol de lait avec des restes indiquait que Nicolas avait pris son petit déjeuner, et de la musique émanait de sa chambre. Morgane dormait encore.

Michael m'a demandé si je voulais déjeuner et j'ai fait signe que non. C'était difficile de parler parce que je ne voulais pas entendre mes propres paroles. J'avais voulu avoir les faits, mais maintenant je me sentais déstabilisée.

Finalement, je lui ai dit : " Ce n'est pas une grosse surprise, les tests sont positifs pour des doses élevées d'alcool et aussi de cannabis. " Il a brusquement retenu son souffle. Nous nous sommes regardés et, sans un mot, sommes allés dans la chambre de Morgane.

J'ai ouvert les rideaux et me suis assise sur son lit pour la réveiller. Elle s'est assise en se frottant les yeux et a fait une grimace à cause de la lumière. Avant de s'assoir, Michael a tourné en rond dans la pièce, qui était jonchée comme d'habitude de cassettes de musique éparpillées et des vêtements qu'elle laissait tomber quand elle se déshabillait.

Elle a de nouveau posé la tête sur son oreiller et fermé les yeux, alors je l'ai prise doucement par les épaules et secouée. " Réveille-toi. Il faut qu'on parle. " Elle a gémi un peu quand je lui ai annoncé les résultats du laboratoire. " Dis-nous ce que tu as fait. "

Au début elle s'est contentée de marmonner en réponse à nos questions. Mais, une fois lancée, elle semblait presqu'impatiente de tout raconter. Elle évitait de nous regarder, gardant les yeux fixés sur la fenêtre et le ciel gris.

Elle nous a dit qu'elle avait pris de la drogue pour la première fois l'été précédent, avec des copains d'école dans le vieux cimetière, au bas de la colline où nous habitions. L'endroit fascinait ces jeunes qui adoraient les histoires de fantômes et les films d'horreur. Son petit groupe de collégiens y rencontrait des camés qui offraient un peu de ce qu'ils avaient. Nous savions déjà par Maia que ce genre de chose était monnaie courante, et que les plus jeunes n'avaient pas à payer. Je suis furieuse quand je pense à cette méthode des cartels de la drogue de distribuer des échantillons gratuits pour créer un marché de clients fidèles.

Michael s'est enfoncé davantage dans son siège. Il semblait stupéfait et a demandé : " Mais pourquoi voulais-tu faire ça ? "

Elle a répondu sur un ton bizarrement insouciant. " Je voulais savoir ce que la drogue avait de si extraordinaire. Juste curieuse. " Son père et moi avons échangé un regard, nous savions qu'elle avait toujours été curieuse et prête à prendre des risques.

Petit à petit, elle nous a donné des détails. Elle avait essayé le LSD, les champignons hallucinogènes, la marijuana et l'alcool. C'était facile de nous cacher ce qu'elle faisait pendant l'été, quand nous pensions qu'elle jouait avec les copains du quartier comme n'importe quelle fille de douze ans. " Je n'avais qu'à attendre que les effets soient passés pour rentrer à la maison. "

Après la rentrée des classes et l'arrivée de la pluie, elle fumait souvent de l'herbe chez Amy. " Sa mère en a plein, ça ne la dérange pas. On fumait quelquefois avant d'aller à l'école. " Michael, qui avait été enseignant, s'est exclamé : " Non, c'est impossible. Les professeurs l'auraient remarqué, ils nous auraient prévenus. "

Elle a ri. " Il y en a un qui laisse les élèves se défoncer dans un cagibi au fond de la classe. C'est un vieux hippie, il s'en fiche. " Plus tard Nicolas, qui est allé à la même école, nous a dit que ce prof se moquait même du côté déjanté de Morgane.

Elle avait rencontré Amy après s'être inscrite à un programme d'entraide pour les élèves. Quand j'ai demandé plus tard à l'assistante sociale de l'école pourquoi elle l'avait mise en contact avec Amy, elle m'a dit qu'elle avait vu en Morgane une bonne influence pour Amy, qui venait d'arriver en Oregon et était à risque parce qu'elle prenait des drogues et vivait seule avec une mère toxicomane.

Nous aurions peut-être été d'accord, mais nous n'avons pas pu surveiller les filles car l'assistante sociale ne nous pas mis au courant. Quand je suis allée la voir, elle s'est défendue en disant qu'elle était légalement obligée de protéger l'anonymat d'Amy, mais elle aurait pu nous appeler sans la nommer. Elle a fait preuve de mauvais jugement et ses bonnes intentions ont incontestablement mal tourné. Elle n'a pas protégé notre fille, qui a commencé à prendre des drogues l'été suivant et, ignorant les circonstances, nous n'avons pas pu la protéger.

L'après-midi du 31 décembre 1987, dans la chambre de Morgane faiblement éclairée par la lumière hivernale, un tourbillon d'images et de questions me tournait dans la tête. J'étais incapable d'accepter ce que j'entendais, les drogues, les mensonges, ça ne pouvait pas être vrai. Et même si ça l'était, je ne voulais pas accepter cette réalité. C'était surement possible de revenir au monde de l'enfance d'une demi-heure plus tôt.

Je me suis souvenue que, quand Morgane avait trois ou quatre ans, Maia l'appelait " une honnête petite voleuse " parce qu'elle allait en douce dans la chambre de Maia pour prendre des jouets ou des bonbons. Mais dès que Maia rentrait de l'école et allait la voir en fronçant les sourcils de manière théâtrale, Morgane avouait et lui rendait les jouets. Maintenant, assise sur son lit, la tête penchée en avant comme un cheval qui tire une lourde charge, notre honnête petite menteuse a continué à nous raconter ce qu'elle nous avait caché pendant les derniers mois.

Au lieu de regarder des films et de jouer à des jeux de société chez Amy comme elle nous l'avait fait croire, les filles allaient souvent à des fêtes, où elles rencontraient des copains d'école et beaucoup d'autres. J'ai demandé ce que je n'avais pas vraiment envie de savoir. Oui, a dit Morgane, le sexe faisait partie des activités, habituellement des types plus vieux avec des filles jeunes. J'ai pris note de faire des analyses pour les maladies sexuellement transmissibles, en essayant de ne pas imaginer notre enfant avec des hommes comme celui qui l'avait ramenée en voiture ce matin. Pleine d'amertume et de dégoût, je me suis levée du lit où j'étais encore assise, et ai regardé le ciel gris par la fenêtre.

Morgane a ajouté d'un ton rêveur : " Il y a toujours beaucoup d'alcool. J'aime boire, j'aime être ivre. " Michael et moi nous sommes regardés et, d'un même mouvement, avons pris dans nos bras une Morgane tremblante et en larmes.

Elle avait l'air aussi fragile qu'un moineau tombé du nid. Son visage était trempé de larmes, et elle pleurait si fort qu'elle avait le hoquet. Elle a répété " je suis désolée " en poussant des soupirs profonds, puis elle a fini par s'endormir. Son visage sur l'oreiller était pâle, sans âge, comme vidé de toute vie, et cependant lisse et, d'une certaine manière, apaisé, comme si elle était soulagée d'avoir enfin dit la vérité. C'était difficile de quitter la pièce, mais nous devions discuter de ce qu'il fallait faire pour notre fille.

Comment avais-je pu, comment avions-nous pu ne pas voir ce qui se passait ? Après tout c'était mon métier de remarquer ce genre de choses, et Michael était membre d'AA (Alcooliques Anonymes). Ses deux parents, leurs sept enfants, et tous ses oncles étaient alcooliques, la plupart sobres maintenant et d'autres pas.

Nous connaissions personnellement de nombreux jeunes dont la dépendance avait explosé pendant leur adolescence comme un feu de forêt arrosé d'essence. Morgane était prise dans le même cercle infernal, qui s'était emparé d'elle dès le début. En moins de six mois, elle avait été débordée.

Nous aussi étions dépassés par les évènements, tellement désemparés que, dans la cuisine, nous bougions comme des boules sur une table de billard, allant au comptoir nous verser une tasse de café, nous croisant devant le frigidaire pour sortir le lait, nous levant dès que nous étions assis pour aller chercher quelque chose que nous avions oublié.

" As-tu déjeuné ? "

" Je ne me souviens pas. "

Finalement, cédant à la fatigue, nous nous sommes assis pour parler. Michael a soupiré et dit : " Quelle saloperie de maladie. " J'ai pensé au lourd tribut que sa famille avait payé à l'alcoolisme. Sa voix est devenue un triste murmure. " Comme si elle n'a pas eu assez de problèmes. "

Je savais qu'il pensait aux opérations pour les cataractes. J'ai dit : " Il n'y a pas longtemps qu'elle a commencé, elle peut encore s'en sortir. "

" Oui, peut-être, " a dit Michael tout doucement.

Dehors le ciel s'obscurcissait. Il fallait que je bouge avant d'être submergée par le chagrin, alors je me suis levée, les jambes flageolantes. Je lui ai dit que j'allais appeler SHARP, le sigle qui désignait le programme de désintoxication pour adolescents de l'hôpital local. Au téléphone avec l'infirmière chargée des admissions, ma voix tremblante de mère, qui étouffait des sanglots, s'est progressivement transformée en celle du médecin, et j'ai exposé la situation et demandé des précisions sur le programme.

Nous étions soulagés d'avoir un plan. Le traitement devait commencer le 2 janvier. Michael a commencé à préparer le dîner et je suis allée expliquer à Nicolas ce qui se passait.

Il était resté tout l'après-midi dans sa chambre, la porte résolument fermée. J'avais eu vaguement conscience de la musique qu'il écoutait pendant que nous parlions à Morgane. La chambre était sombre à cause des lourdes branches de grands sapins d'où pendaient des lambeaux de brouillard, et j'ai eu l'impression que rien n'avait bougé depuis des heures. Nicolas était assis sur son lit, dans le noir, serrant un de ses animaux favoris contre lui. Je me souviens de la peur dans ses yeux, et qu'il a reculé quand j'ai voulu le prendre dans mes bras, comme s'il craignait d'attraper ce qui m'accablait.

Nous avons passé le reste de la journée à surveiller Morgane régulièrement. Ses mains tremblaient, elle allait d'un pas traînant de son lit à la salle de bains, et Michael a dû la forcer à boire un peu d'eau et manger un peu de soupe. Elle n'a pas protesté quand nous lui avons parlé de SHARP. Nous sommes tous allés nous coucher de bonne heure.

Je me suis réveillée avant l'aube le lendemain, le 1er janvier, pour aller voir Morgane. Je l'ai trouvée presqu'inconsciente dans son lit, respirant de façon saccadée. Ses yeux ont roulé en arrière quand j'ai soulevé ses paupières. Je lui ai pris la tête entre mes mains et ai parlé tout près de son oreille : " Qu'est-ce que tu as fait ? Qu'est-ce que tu as pris ? "

Elle a tourné la tête vers la salle de bain, murmurant " aspirine ". Elle pouvait mourir d'acidose si elle en avait assez pris. Je l'ai enveloppée dans une couverture, et ai serré son corps frissonnant pendant que Michael nous conduisait à l'hôpital.

Nicolas est resté seul à la maison, un garçon de neuf ans, incapable de comprendre ce qui bouleversait son univers.

Je n'éprouve pas souvent de la haine mais, à l'hôpital, j'ai haï une femme. Alors que Morgane était sous perfusion pour restaurer son équilibre physiologique, Amy et sa mère ont débarqué dans sa chambre. Je n'ai aucune idée de comment elles avaient appris que Morgane s'y trouvait. J'ai attrapé la mère par le bras pour la faire sortir, et l'ai emmenée dans le couloir des ascenseurs.

Il était vide et sombre, éclairé seulement par la faible lueur des plafonniers. " Vous m'avez menti, " lui ai-je dit en m'approchant tout près d'elle. " J'ai appelé plusieurs fois pour vous demander ce qu'elle faisait chez vous. "

Elle a reculé, en regardant dans le couloir désert. Son visage rond et mou était pâle et ses yeux pleins de peur, mais elle affichait un sourire ridicule.

J'ai insisté : " Vous avez menti. Mais qu'est-ce que vous pensiez, dites-moi ? "

Son visage s'est affaissé mais elle a continué à sourire stupidement, dévoilant des incisives trop blanches à côté des autres dents comme si, dans le passé, quelqu'un lui avait fracassé la bouche d'un coup de poing. Elle a dit, d'une voix suppliante : " De toutes façons, elles auraient essayé. J'avais peur que ce soit dans la rue et qu'un homme leur fasse du mal. Alors je leur ai donné un peu de ce que j'avais pour les garder à la maison. Elles étaient en sécurité. "

La logique démente d'une droguée. On ne pouvait pas discuter. Je l'ai quittée et, de retour dans la chambre, j'ai renvoyé Amy.

Morgane est rapidement sortie du danger immédiat causé par l'aspirine. Notre médecin traitant est venu l'examiner et je lui ai rapporté ce que Morgane nous avait dit la veille, sur la drogue, les fêtes et le sexe. Il nous a rassurés plus tard qu'elle était en bonne santé physique et qu'elle n'avait pas été active sexuellement. Un souci en moins, mais le problème central restait.

Elle a commencé un traitement à SHARP le lendemain. J'ai été soulagée dès que nous sommes arrivées dans le service, parce qu'elle serait en sécurité. Mais c'était bizarre d'être assise dans le bureau des infirmiers à remplir le questionnaire d'admission. En effet, la scène de la pièce centrale que je voyais par la paroi vitrée du bureau m'était familière, parce que depuis des années j'avais exercé comme psychiatre pour adultes et adolescents.

Il y avait des malades marchant lentement de leur chambre à leurs activités, des puzzles à moitié complets oubliés sur des tables. Quelques patients regardaient fixement par la fenêtre les buissons mouillés du petit jardin, tandis que la plupart des autres se retrouvaient autour de tables avec une grande cafetière et des cartons de jus de fruits. Certains parlaient avec des conseillers qui avaient des expressions semblables, ouvertes et intéressées, comme si ces expressions était un uniforme. J'avais souvent été, non seulement dans ce bâtiment mais dans beaucoup d'autres qui avaient la même architecture, la même odeur de café bouilli et de tabac froid, et qui donnaient la même impression d'activité sans but.

Mais qu'est-ce que cela avait à voir avec ma fille, qu'est-ce qu'elle faisait là au milieu d'adolescents tatoués au crâne rasé ? Comment en étions-nous arrivés là ?

CHAPITRE 3

Avant

Tous les ans en janvier dans mon nouveau pays, depuis mon arrivée en 1969 jusqu'à ce que je devienne citoyenne américaine des années plus tard, je devais me faire enregistrer au bureau de poste come résidente étrangère, *alien* en anglais. Quand le film Alien est sorti, notre facteur a plaisanté que je ne ressemblais pas à l'extraterrestre du film. Mais il y avait dans ma nouvelle existence de nombreuses situations où je me sentais étrangère, mal à l'aise, et le rôle central de l'alcool dans la vie de la famille et des amis proches de mon mari était le plus troublant.

J'ai raconté dans un autre livre les premiers mois de notre existence commune à Paris. J'avais alors 30 ans et ne connaissais de l'alcoolisme que ses conséquences physiques. J'ignorais la longue histoire de Michael avec l'alcool, et je me suis persuadée que tout irait bien une fois que nous serions installés à Topeka, dans le Kansas.

Le 1er juillet 1969, j'ai commencé des études de psychiatrie à la Fondation Menninger. J'étais enchantée de me trouver bientôt enceinte. Il y avait tant de choses à découvrir, un nouveau mari, une nouvelle langue, une nouvelle culture, ma première grossesse. Tant de promesses.

Nous allions environ une fois par mois passer le

dimanche chez ma belle-mère, à une centaine de kilomètres de Topeka. Je me sentais dépaysée pendant ces visites, d'abord parce qu'on ne passait à table que tard dans l'après-midi alors que je m'attendais à déjeuner vers 13 heures, comme chez mes parents. Mais surtout parce que la mère de Michael et ses enfants buvaient verre après verre. Il y avait une bouteille géante de whisky sur le comptoir de la cuisine à côté du frigidaire et ils allaient, l'un après l'autre, se verser une rasade sur des glaçons. Je n'ai jamais aimé les alcools et je crois que c'est à partir de là que j'ai commencé à avoir des nausées au seul bruit de glaçons tintant dans un verre.

Je n'avais jamais vu une telle consommation d'alcool et j'étais horrifiée de les voir ivres dès le milieu de l'après-midi. Les quatre garçons, les ainés, discutaient de politique, de philosophie ou de littérature, mais les conversations déviaient peu à peu, ce dont personne ne semblait s'apercevoir. Les frères se disputaient, en termes polis au début, mais seulement au début, et les délicieuses sœurs de Michael perdaient leur vivacité. Leur mère, élégante et raffinée, faisait des commentaires blessants à ses enfants, tout en gardant un visage impassible à part un haussement de sourcil de temps à autre. Le sarcasme corrodait la conversation comme un acide, et je ne voulais pas y participer de peur d'enflammer le débat.

Je ne comprenais pas grand-chose de ce qu'ils se disaient, et ma confusion n'était pas liée à la langue mais au fait que les mots les plus simples prenaient un poids et un sens inattendus. En rentrant à la maison après un de ces dimanches, j'ai dit à Michael que je détestais ces beuveries stupides, et je lui ai demandé pourquoi il avait changé. " Tu ne faisais pas ça à Paris. "

Il a répondu : " Qu'est-ce qui te prend ? On s'amuse, c'est tout, c'est le weekend. " Ni lui ni moi ne pouvait comprendre le point de vue de l'autre.

Il a continué à boire de plus en plus pendant ma grossesse. Tard le soir, adossé aux oreillers dans notre lit, le visage éclairé dans l'obscurité par sa cigarette, il me parlait de sa peur de devenir père, même s'il attendait le bébé avec impatience. Il disait souvent : " Je ne veux pas que mon enfant grandisse dans un foyer comme celui que j'ai connu. "

Son père avait travaillé de longues journées dans son restaurant pendant que les enfants grandissaient, et il restait distant à la maison. Après avoir fait faillite, quand Michael avait 18 ans, il pouvait disparaitre pendant des semaines. Michael était parfois appelé par la police, pour venir chercher son père qui avait été placé en garde à vue pour ivresse. Je suis heureuse de pouvoir écrire qu'il avait arrêté de boire avant que je le rencontre, après avoir divorcé, et que sa seconde femme et lui ont été de merveilleux grands-parents pour nos enfants.

J'ai décidé de me concentrer sur ce que j'aimais chez Michael, son intelligence, la beauté de ses yeux, et l'odeur de sa peau. Mais c'était trop tard, le souvenir de ses accusations était fixé dans ma mémoire. " Tu ne m'écoutes pas. Tu ne tiens pas à moi. " Il semblait absolument sûr de lui.

Au début ce personnage disparaissait après une bonne nuit de sommeil, et le lendemain Michael avait oublié ses accès de colère et était charmant. N'ayant que quelques années d'expérience en psychiatrie, j'étais convaincue qu'il était utile d'exprimer toutes ses émotions, alors je le laissais parler et évitais de le provoquer.

A partir du moment où Maia est née le 28 avril 1970, je n'ai pu regarder personne d'autre quand elle était présente. Dès le début, l'amour maternel m'a projetée dans une autre dimension de moi-même.

Michael m'avait accompagnée aux classes Lamaze, et aidée pendant le travail et l'accouchement à suivre la méthode. Son visage s'est adouci quand il a vu sa fille et il a posé une main sur elle, avec des larmes aux yeux et un sourire émerveillé. Étant l'ainé, il avait eu des enfants autour de lui toute sa vie et il s'est occupé de Maia avec compétence, alors que je devais tout apprendre. Il a suffisamment modéré sa consommation d'alcool pour me faire espérer que ses excès ne reviendraient pas.

Nous avons profité de la vie au maximum, en particulier avec le bus de camping Volkswagen qui allait devenir un compagnon fidèle pour de nombreuses expéditions sur les routes à travers le continent. Nous étions tous les deux en thérapie et mon analyste me guidait vers des explorations d'un autre genre, à travers l'immensité de la mémoire, la douleur, les rêves et l'espoir.

Je redécouvrais les innombrables promesses de la vie, et j'étais heureuse. Je détestais toujours l'importance de l'alcool dans la vie de Michael, la vue et l'odeur du whisky, le bruit des glaçons dans son verre, et l'argent que ça coutait. Mais il buvait beaucoup moins qu'avant la naissance de Maia. Et je savais garder mes distances quand il avait trop bu et qu'il était en proie à des émotions qui paraissaient incompatibles. Il semblait être écrasé sous une chape de plomb mais explosait un instant plus tard.

À la fin de mes quatre ans d'études, j'ai pris un congé de plusieurs semaines, pour souffler un peu avant de commencer à travailler à l'hôpital de la Fondation

Menninger. Michael a continué à enseigner au lycée de l'hôpital psychiatrique de Topeka, et il a décidé de moins voir sa famille et ses amis d'enfance.

Au début de 1974, j'étais ravie d'être de nouveau enceinte. Michael semblait aussi heureux que moi, mais il a pourtant recommencé à boire de plus en plus. Je n'en revenais pas. Je lui ai d'abord fait remarquer qu'il était ivre plus souvent, comme s'il ne le réalisait pas, et je lui ai dit qu'il devait s'arrêter et se faire traiter. Il n'a évidemment pas apprécié mes interventions. Un matin, quand je préparais le petit déjeuner de Maia, il est entré dans la cuisine avec les yeux bouffis à cause des excès de la veille, et je l'ai finalement confronté. " Tu as promis de te contrôler et je me sens trahie. "

Il s'est retourné, furieux. " Je n'aurais pas besoin de boire si tu n'étais pas une telle mégère. " J'ai eu honte de mon ton acerbe, et me suis demandé s'il avait raison.

Vers le sixième mois de ma grossesse, il buvait toute la journée. Un soir dans notre chambre, avant de perdre conscience, il m'a dit d'une voix déchirante : " Je vous aime tellement Maia et toi, mais je ne peux pas faire autrement. " Pour la première fois j'ai pensé qu'effectivement il n'avait aucun contrôle sur son alcoolisme, et je n'avais aucune idée de ce que je pourrais faire pour l'aider.

Beaucoup plus tard il m'a dit à propos de cette période : " Je savais que l'alcool détruirait ma vie, mais ce serait plus tard, un autre jour. Par contre, ne pas boire me tuerait immédiatement, le jour même. J'en étais convaincu. " J'ai entendu depuis beaucoup d'autres personnes utiliser les mêmes mots pour exprimer leur conviction que le poison, le destructeur, est nécessaire à leur survie.

Michael s'est retrouvé à l'hôpital à la suite d'une crise de pancréatite aiguë, qui est fréquemment associée à l'abus d'alcool. J'étais avec lui quand un couple est entré dans sa chambre, avec des expressions qui combinaient curieusement timidité et assurance. J'ai appris plus tard que le médecin traitant de Michael avait contacté AA, qui avait une liste de personnes prêtes à faire ce genre de visite.

L'homme, qui avait le visage rond et le teint coloré, s'est dirigé vers Michael qui était assis dans son lit, aussi pâle que les draps, les traits tirés à cause de la douleur. L'homme lui a dit : " Je voudrais vous raconter quelque chose qui a changé ma vie. Je pense que ça pourrait aussi changer la vôtre. " Il a parlé à Michael pendant quelques minutes de ses problèmes avec l'alcool, et de ce qui l'avait aidé à s'arrêter. Puis il lui a donné un pamphlet avec les douze étapes d'AA, et une liste des endroits et heures des réunions.

Sa femme m'a tendu un morceau de papier avec son numéro de téléphone. J'ai regardé son visage auréolé d'une permanente, et j'ai vu une grande compassion dans ses yeux. " Appelez-moi si vous voulez aller à une réunion. C'est difficile d'aimer et d'aider un alcoolique, nous savons ce que c'est. " J'ai compris qu'elle disait la vérité et j'ai mis le bout de papier dans ma poche.

Un après-midi, quelques semaines plus tard, je suis allée chercher Maia à l'école et nous sommes rentrées à pied. Elle bavardait joyeusement de ce qu'elle avait fait. La lumière était dorée et l'air chargé d'une fraicheur bienvenue après l'été torride.

De retour à la maison, j'ai appelé Michael pour lui demander ce qu'il voulait manger. N'entendant pas de réponse, je suis allée à l'étage et l'ai trouvé affalé sur notre lit comme un pantin désarticulé, ivre mort. Furieuse, je l'ai agrippé par les épaules et l'ai secoué en hurlant qu'il devait arrêter. Sa tête ballotait dans tous les sens, il ouvrait les yeux l'espace d'un instant, le front plissé par l'effort, puis les fermait de nouveau.

J'ai alors senti une petite main tirer sur ma jupe. Maia était derrière moi et elle m'a dit calmement : " Maman, il ne peut pas t'entendre. " Je l'ai fixée sans comprendre pendant un moment. Je ne l'avais pas entendue monter l'escalier, je l'avais complètement oubliée. Comme si le monde avait disparu et que seule ma colère existait.

Ma fille de quatre ans me regardait droit dans les yeux et me donnait une leçon de bon sens. L'image de moi quelques instants plus tôt m'est apparue — je ressemblais à un chien enragé, les crocs enfoncés dans la chair d'une proie qu'il secouait. Je n'aurais jamais cru que je perdrais le contrôle comme ma mère, rendue folle par une impuissance qui ne laissait plus de place à la raison.

Terrifiée par cette image, je me suis levée. J'ai pris la main de Maia et nous avons fui la maison. Nous sommes allées chez une voisine qui a gentiment accepté de la garder pour le reste de la journée. De retour à la maison, je ne suis pas montée à l'étage mais j'ai téléphoné à la gentille dame de l'hôpital qui m'avait donné son numéro.

Nous avons parlé longuement et, quelques jours plus tard, elle m'a emmenée à une réunion d'Al-Anon, un programme pour les familles et amis d'alcooliques. Où j'ai entendu que l'alcoolisme est puissant et inexplicable, que c'est une maladie que je n'avais pas causée et que je ne pouvais pas contrôler. Puis, d'une voix tranquille, une femme m'a dit que je n'étais pas responsable de l'alcoolisme de mon mari, et qu'il n'était pas responsable de ma détresse. J'ai eu la sensation d'être giflée, mais en même temps la clarté et la vérité de ce qu'elle venait de dire m'ont donné de l'espoir.

Je pouvais décider ce que je ferais de ma vie, même si Michael n'allait pas mieux. Je le savais au fond de mon cœur, mais je n'en étais pas consciente.

J'ai commencé à aller régulièrement à des réunions d'Al-Anon pour garder l'esprit clair, et ai appris à calmer mon anxiété grâce à un série de séances de biofeedback. En septembre 1974, deux mois avant l'arrivée prévue du bébé, mes priorités étaient claires : m'occuper de Maia et de ma santé jusqu'à la naissance, puis m'occuper du nouveau-né. J'avais contacté un avocat et les papiers pour un divorce étaient prêts, mais j'ai décidé d'attendre d'avoir récupéré de la naissance avant de quitter Michael, parce qu'un déménagement était au-dessus de mes forces.

J'ai arrêté de surveiller Michael, détournant le regard, quand je descendais faire la lessive au sous-sol, de l'accumulation de bouteilles vides. Mon cœur aussi s'est détourné de lui, nous laissant tous les deux tristes et éloignés l'un de l'autre.

Morgane est née le 7 novembre à deux heures du matin. Michael est resté à côté de moi pendant le travail et l'accouchement. Il n'était pas ivre mais il avait l'air malade et il tremblait. Nous avons à peine échangé un mot.

Ma seule préoccupation était de me concentrer sur les sensations de mon corps et d'aider l'enfant à arriver. Je me souviens de m'être totalement abandonnée aux sensations de la force vitale qui s'exprimait en moi, dirigée vers son ultime manifestation, une nouvelle existence. J'éprouvais une sorte de béatitude.

Morgane était un bébé vigoureux, avec un air placide et une tête ronde à peine couverte d'un fin duvet doré. Elle semblait parfaitement heureuse de manger et dormir et elle regardait le monde avec un sourire ravi et des yeux qui deviendraient du même bleu intense que ceux de son père. Elle aimait que je la prenne dans mes bras et je ne me lassais pas de cet abandon confiant et de la douceur soyeuse de sa peau.

Un mois après sa naissance Michael, après avoir été à deux doigts de se tuer délibérément en voiture, a conduit à l'hôpital pour s'inscrire au programme de traitement de l'alcoolisme que son médecin lui avait recommandé depuis longtemps. C'était le même hôpital où je travaillais, et je me suis sentie mal à l'aise la première fois que je suis allée à une réunion pour les malades et leurs familles avec l'équipe de traitement. Impossible de garder l'anonymat.

Mais notre secret ayant enfin été exposé, nous n'avons pas tardé à en recueillir les bénéfices. Nos amis et collègues nous ont entourés de leur affection et de leurs encouragements. Michael et moi sommes devenus des habitués aux réunions d'AA et Al-Anon. L'espoir et la confiance sont revenus et l'amour, un filet d'eau d'abord, a de nouveau coulé à flots.

Je me souviens des quelques années qui ont suivi comme étant particulièrement heureuses. Si je repasse comme un film les souvenirs de ces années-là, la bande-son est faite des rires de Maia et ses amis jouant dans le jardin, et de Mélina Mercouri chantant *Jamais le dimanche* en grec pendant que Michael et moi étions assis ensemble sur un divan près de la fenêtre, au soleil d'une fin d'après-midi. Nous regardions souvent Morgane, sanglée dans un harnais suspendu à une courroie élastique accrochée au plafond. Avant de faire ses premiers pas, elle adorait être dans ce harnais. Quand elle tapait le plancher du bout des pieds, elle s'envolait en poussant des cris de plaisir, et on aurait dit une acrobate miniature.

Elle est devenue la chouchoute d'un groupe AA pour jeunes adultes qui se retrouvaient chez nous chaque semaine. On jouait avec elle, on lui parlait et lui offrait des gâteaux. Mais, quand elle a appris à parler, elle a commencé à répéter ici et là ce qu'elle avait entendu pendant les réunions. Comme il est essentiel que les conversations des participants restent confidentielles, elle ne pouvait plus y assister.

Quand Michael lui a annoncé cette décision, elle a levé les yeux sur lui et lui a demandé pourquoi. Mais comment faire comprendre le concept d'anonymat à une enfant de trois ans ? Elle était furieuse d'être privée du plaisir et les explications n'ont pas changé ce qu'elle ressentait. Plantée fermement sur ses petites jambes, elle a tenu tête à son père, la tête légèrement penchée en avant comme une petite chèvre prête à foncer. " Mais je serai sage, je n'embêterai personne. "

Quand elle a finalement compris qu'elle ne gagnerait pas la partie, elle a annoncé, avant de quitter la pièce avec une expression de dignité blessée : " Quand je serai grande je serai alcoolique, comme ça je pourrai aller aux réunions ! "

Ce jour-là, nous avons ri.

CHAPITRE 4

Un Endroit de Rêve

La région du nord-ouest des États-Unis, que nous avons découverte au mois d'août 1980 pendant des vacances en voiture, m'a émerveillée. J'ai eu le coup de foudre quand, après la chaleur humide des grands espaces du Kansas, Nebraska, Wyoming et Idaho, et la grande plaine aride de l'est de l'Oregon, les sommets enneigés de la chaine de montagnes des Cascades sont apparus.

Nous avons campé dans la forêt au pied des montagnes, près d'un ruisseau qui babillait gaiement, et il faisait frisquet le lendemain matin quand je suis sortie de la tente. La lumière filtrait à travers la haute voute de pins ponderosa d'une vingtaine de mètres de haut, d'une façon qui m'a fait penser à une cathédrale. Il m'est venu à l'esprit que le paradis pourrait ressembler à cette scène.

Dans la forêt, la mousse, les buissons, et l'odeur des branches tombées par terre qui se décomposaient m'ont rappelé les bois de mon enfance et quand, après avoir traversé les montagnes, nous sommes arrivés dans la vallée de la rivière Willamette, j'ai eu l'impression d'être chez moi. Je pouvais nommer chaque fleur qui poussait autour des maisons des petites villes où nous nous arrêtions, et ma mère avait cultivé dans son jardin les mêmes légumes et fruits que nous achetions aux stands des fermes.

Quand nous sommes arrivés à l'Océan Pacifique, le vent m'a paru aussi tonique que celui de Malo-les-Bains, à côté de Dunkerque, où habitait ma grand-mère. J'ai mangé des moules crues qui poussaient sur les rochers, savourant le gout iodé des étés de mon enfance. La nature semblait non seulement offrir des plaisirs familiers, mais aussi la promesse que je pourrais m'y sentir chez moi d'une manière physique, ce que je n'avais pas ressenti dans le midwest continental.

J'ai parlé de déménager pendant le trajet du retour et Michael, qui s'était éloigné de sa mère et de ses frères depuis qu'il avait arrêté de boire, était d'accord. Il rêvait de s'inscrire à l'école d'architecture de l'université d'Oregon. En arrivant à Topeka, j'ai donné deux mois de préavis à l'hôpital où je travaillais et nous avons mis notre maison en vente.

Mais nous avions sous-estimé ce qui pourrait mal tourner. J'allais me retrouver seule dans un cabinet, sans le support de l'institution où je travaillais, de mes collègues et mentors, et de mes amies proches. Michael n'aurait plus le soutien de ses groupes AA, de son parrain et amis du programme, ni le réconfort d'habiter dans une ville qu'il connaissait depuis toujours. Et son père et sa belle-mère allaient beaucoup manquer à nos enfants.

La vie de Morgane et Nicolas, qui avaient six et trois ans, était axée sur la famille et ils s'habitueraient aisément au changement. Mais Maia, à dix ans, s'est habillée en noir pendant des semaines pour démontrer sa tristesse d'avoir quitté les amis qu'elle voyait tous les jours depuis l'école maternelle. L'année suivante, elle a porté un brassard noir pour marquer l'anniversaire de notre départ de Topeka.

Peut-être que le désir de nous éloigner du lieu d'évènements douloureux a joué un rôle. Au début du printemps 1979, Michael avait voulu apprendre à Morgane, qui avait alors quatre ans et demi, à traverser la rue. " Tu dois regarder des deux côtés pour être sure qu'aucune voiture n'arrive. Dis-moi maintenant si tu en vois une. "

Elle a tourné la tête plusieurs fois des deux côtés et pointé du doigt à sa gauche. " Je vois quelque chose là-bas. Je crois que c'est gros. Ça pourrait être une voiture mais je ne peux pas dire si ça bouge. " C'était le milieu de la journée sous un ciel limpide et Michael n'en croyait pas ses oreilles.

Morgane était pratiquement aveugle mais, ayant passé les premières années de sa vie avec une vue normale, elle avait appris à se repérer dans l'espace. Ce qui lui avait permis de fonctionner pendant que sa vue diminuait graduellement, et elle était trop jeune pour savoir si c'était normal ou pas. Elle connaissait la maison par cœur et n'allait pas encore à l'école, de sorte que personne n'a deviné qu'elle voyait à peine.

Un ophtalmo a diagnostiqué des cataractes congénitales, complications d'une infection virale contractée in utero qui, pour des raisons inconnues, se manifestent après un long délai autour de cet âge-là. Il l'a opérée peu après et Michael s'est occupé d'elle à l'hôpital, dormant plusieurs nuits à côté de son lit.

Puis notre petite fille est rentrée à la maison, le visage bouffi et les yeux couverts de pansements épais. Elle se déplaçait à tâtons en suivant du bout des doigts le haut du lambris dans le couloir, ce qui me fendait le cœur. En plus, une infirmière nous a donné des informations inexactes, disant que Morgane ne verrait jamais beaucoup mieux, ce qui nous a profondément découragés. J'ai loué une chambre d'hôtel un soir en sortant du bureau pour pleurer tout mon soûl sans que les enfants me voient. Je ne pouvais vraiment pas pleurnicher alors que Morgane ne se plaignait jamais.

Les mois suivants ont semblé passer lentement, comme souvent quand on est triste.

Après notre arrivée en Oregon, je me réjouissais de commencer une nouvelle vie dans un endroit de rêve. Mais nous sommes arrivés comme un bateau sur une vaste terre inconnue, sans port d'attache ni amarres, personne pour entendre un appel de détresse, pas de voix familière pour nous rassurer et nous guider.

Et les contretemps n'ont pas manqué. Nous avons emménagé juste au début d'une récession économique qui allait durer une grande partie des années 1980 et qui, d'après les personnes âgées, ressemblait à la grande dépression des années 1930. Nos économies ont fondu rapidement et l'insécurité financière nous pesait.

Michael a abandonné l'idée d'aller à l'école d'architecture. Son diplôme d'éducateur spécialisé n'était pas reconnu en Oregon, et il lui faudrait deux ans d'études pour obtenir un nouveau certificat. Il a refusé de chercher un poste de prof dans un lycée et a décidé de rester à la maison avec les enfants.

Trop peu de patients venaient à mon cabinet, ce qui m'a rappelé l'année désastreuse où j'étais généraliste en France, alors j'ai commencé à faire des consultations à la prison et à des centres de traitement de l'addiction. On pouvait me demander de venir à n'importe quelle heure, et je détestais le temps passé loin de mes enfants. J'avais tellement envie de les voir que je pleurais dans la voiture si la nuit tombée indiquait qu'ils seraient déjà endormis.

Les enfants me manquaient et Michael se sentait seul. En janvier 1982, il est allé voir sa mère pour son anniversaire et elle l'a encouragé à boire avec elle, la première fois qu'il buvait de l'alcool depuis décembre 1974. J'ai appris des années plus tard qu'elle avait parié avec un de ses fils qu'elle arriverait à le faire boire, parce qu'elle le trouvait insupportable depuis qu'il avait joint AA.

Michael me l'a annoncé quelques semaines plus tard. " Ce n'est pas un problème. La preuve, tu ne l'as même pas remarqué. " Ce qui m'a laissée sans voix et il a continué sur un ton nonchalant : " Je contrôle la situation. Pas de problème. " Il a fait un geste tranchant de la main. Point final.

Je me suis efforcée de garder mon calme. " Je suis convaincue que c'est un problème. Tu as une maladie grave et je crois que tu fais une rechute. " J'ai levé la main pour l'arrêter quand il s'est raclé la gorge comme pour se préparer à me contredire. " Laisse-moi finir. Je sais depuis longtemps que les rechutes sont fréquentes dans l'alcoolisme et que ça pouvait t'arriver. J'espère seulement que tu reprendras vite ton programme. "

Je me suis félicitée d'avoir gardé mon sang-froid et suis allée me coucher aussitôt. Je me suis même endormie. Mais à deux heures du matin, j'étais dans la salle de bain à vomir tripes et boyaux. Je savais que je ne pouvais pas le forcer à faire quelque chose qu'il n'avait pas décidé lui-même. J'espérais seulement qu'après ce qu'il avait appris au cours de sept ans de sobriété, il reviendrait vite à la raison. Je suis retournée aux groupes d'Al-Anon pour gérer mes craintes, ma tristesse et ma colère.

Je n'ai pas pu me résoudre à le quitter immédiatement, même si je m'étais juré de ne pas vivre avec lui s'il buvait. Je pensais aux bonnes années récentes, et surtout aux enfants. Il s'occupait d'eux pendant que je gagnais de quoi les élever. Morgane a eu besoin de lui quand les cataractes sont revenues et elle a dû être opérée de nouveau.

Elle connaissait la routine. Quand on lui faisait une prise de sang, elle regardait avec intérêt au lieu de reculer, et le personnel de l'hôpital la félicitait de son courage.

Son ophtalmo était particulièrement gentil, me laissant rester avec elle aussi longtemps que possible les jours où elle était opérée. Je me souviens d'elle allongée sur une civière dans un couloir, son corps menu couvert d'un drap. Elle me regardait et je me suis penchée pour lui dire des mots tendres. Sa robe d'hôpital sentait le détergent et la lumière des lampes au néon vidait son visage de toute couleur. Je lui ai tenu la main, oubliant le personnel qui marchait derrière moi jusqu'à ce que l'un deux me tape sur l'épaule. " Nous devons commencer maintenant. " Morgane l'a regardé et lui a souri. Je peux encore sentir sa petite main me glisser entre les doigts et entendre les portes de la salle d'opération s'ouvrir, me laissant entrevoir l'anesthésiste avant qu'il enfile ses gants et lui injecte de quoi l'envoyer dans le néant.

Les humeurs noires de Michael sont revenues avec l'alcool. Tard dans la soirée je me forçais à écouter ses monologues en silence pendant qu'il buvait du whisky. Je regardais la nuit à travers la fenêtre car je préférais ne pas voir son visage déformé par la colère. Ses plaintes étaient familières, personne ne l'appréciait, ni le respectait. Je me disais que, si je l'aidais à drainer les émotions qui l'empoisonnaient je protégerais nos enfants, qu'il ne leur montrerait pas pendant la journée la hargne qu'il déversait le soir, mais j'avais tort.

Il était extrêmement nerveux et réagissait au quart de tour. Il n'a jamais frappé aucun de nous, mais on ne savait jamais quand il se mettrait en colère avec des mots aussi cinglants que des coups de fouet, ou quand il balancerait quelque chose qui explosait sur le mur. Ces actions engendraient une peur toujours présente.

J'ai perdu mon équilibre précaire quand j'ai appris en août 1982 qu'une de mes cousines s'était tiré une balle dans la tête. Nous avions été très proches et j'étais affligée qu'elle ne m'ait pas appelée. En apprenant la nouvelle de sa mort, j'ai ressenti la force de la pulsion suicidaire qui l'avait attirée vers le revolver. Comme si nous étions dans le même avion et que j'étais aspirée par le trou que la balle de revolver avait déchiré dans la cloison. Et je suis retombée dans une dépression.

Au cours des mois qui ont suivi, la douleur de vivre était parfois si intense que je n'imaginais pas qu'elle puisse disparaitre. La dépression effaçait hier et demain, le souvenir d'avoir été heureuse et forte, et l'espoir de l'être à nouveau. Je savais que ce n'était pas vrai, mais la raison n'atteignait pas mes émotions. Craignant de ne pas pouvoir résister et de me tuer pour échapper à la douleur, malgré mon intention absolue de rester en vie, je me répétais de faire attention. " Tu pourras ignorer un panneau de signalisation, ou une voiture venant d'en face. Ça aurait l'air d'un accident mais ça n'en serait pas un. " Je me souviens de la détresse spécifique de ne pas pouvoir me faire confiance, parce que j'avais perdu mon alliée la plus proche.

Un père irascible, une mère préoccupée, et une petite sœur malade, autant de choses difficiles à supporter pour Maia, alors âgée de douze ans. Elle aussi semblait malheureuse, mais elle refusait de me parler. Pendant des semaines, j'ai frappé à la porte de sa chambre chaque fois que je rentrais du bureau et elle m'a dit de partir.

Quand elle est devenue plus déprimée, avec des crises de larmes fréquentes, je l'ai emmenée chez une psychiatre pour adolescents. Après avoir vu Maia pendant quelques sessions, elle nous a demandé de venir. Elle a dit que Maia irait mieux dès que Michael s'arrêterait de boire et moi de pleurer.

Petit à petit, ma dépression s'est estompée grâce au soutien de mon psychiatre et au traitement qu'il a prescrit. J'ai pu rétablir le contact avec Maia et j'ai recommencé à aller aux réunions d'Al-Anon. L'espoir est revenu et j'ai enfin senti que j'étais moi-même, la personne que je reconnaissais.

J'ai loué un appartement de deux pièces, tout près de l'école primaire de Morgane et Nicolas, pour séparer les enfants de leur père, désormais ivre et en colère tous les jours. Après le dîner nous parlions doucement dans la chambre jusqu'à ce que les enfants s'endorment. J'aimais entendre le bruit de leur respiration et des bribes de paroles quand ils rêvaient. Le matin avant d'aller à l'école, assis en tailleur sur la moquette, ils mangeaient des petites boites individuelles de céréales sucrées qui étaient généralement réservées au camping, un tout petit plaisir que je pouvais leur offrir.

Michael s'est arrêté de boire en mai 1983. Je suis rentrée à la maison deux mois plus tard, espérant reconstruire la structure des bonnes années où il était sobre et garder notre famille intacte. Chacun de nous avait été traumatisé au cours des trois ans qui avaient suivi le jour où j'avais cru que nous avions débarqué au paradis.

Je me suis demandé par la suite pourquoi j'étais revenue à la maison, parce que je n'y étais pas vraiment obligée. Beaucoup de mères élèvent seules leurs enfants. Même si nous avions perdu le capital investi dans la maison à cause de la chute catastrophique du marché immobilier, j'avais déjà affronté des problèmes d'argent et survécu.

La nature de l'amour conjugal et de l'attachement à quelqu'un qui parfois déçoit profondément mais auquel on reste lié, est difficile à saisir. Tout aussi mystérieux et puissant est le besoin de rechercher la compagnie des autres, commun à la plupart des humains qui sont loyaux et fiers de leur tribu.

Peut-être que la famille est l'organisme social de base dont la survie est plus importante que celle des individus, car le tout représente plus que la somme des parts.

CHAPITRE 5

La Peur et l'Espoir

Au début de l'été 1988, trois mois après avoir terminé son traitement à SHARP, Morgane, qui avait alors treize ans et demi, est allée à un camp pour adolescents dans ce qu'on appelle le haut désert de l'Oregon, à l'est de la chaine de montagnes des Cascades.

Le jour où elle est revenue, les yeux brillants, elle a balancé ses vêtements froissés et son matériel de camping dans la cuisine en nous racontant à toute vitesse, d'une voix forte et joyeuse, l'odeur de l'armoise sous le soleil brulant, les bruissements dans les buissons, impossibles à identifier mais qui auraient pu venir d'un serpent à sonnette, et les nuits en plein air à écouter le hurlement des coyotes. Elle avait fait toutes les marches et les escalades, sans se laisser décourager par sa mauvaise vue.

Au diner le soir, j'oubliais de manger, les yeux fixés sur son visage animé pendant qu'elle racontait ses aventures. C'était un plaisir de voir ses joues lisses et bronzées, qui indiquaient une bonne santé, ses sourcils dont l'un, comme celui de mon père, s'élevait à la manière d'une minuscule aile d'oiseau, et ses lèvres souriantes. Elle riait de tout son cœur et je sentais que ma petite fille fantaisiste et câline était revenue.

Avant d'aller nous coucher, elle et moi sommes allées dehors dans le jacuzzi en profitant de l'intimité de l'obscurité. Je flottais avec bonheur dans le plaisir de la chaleur et des mouvements de l'eau. Nos mains et nos genoux se frôlaient de temps à autre. Une énorme lune s'est levée majestueusement au-dessus des montagnes, et Morgane m'a dit à voix basse combien elle aimait la pleine lune, dont la lumière ne blessait jamais ses yeux comme le faisait le soleil, et nimbait le monde de beauté.

Puis elle s'est mise à pleurer et a dit : " Un jour il y a eu quelque chose de bizarre. On nous avait envoyés marcher, chacun seul, en nous disant d'être prêts à rencontrer nos démons. Je me suis un peu perdue et j'avais soif. Il faisait très chaud et je n'avais pas pris d'eau. " Elle parlait si doucement que c'était difficile de l'entendre. Après un moment elle a murmuré : " Maman, je les ai entendus. "

Un long silence a suivi. J'ai essayé de voir son expression dans la faible lumière de la lune mais elle baissait la tête et ses cheveux cachaient son visage. Une image fugitive m'a traversé l'esprit, celle d'un démon à dents pointues de Jérôme Bosch, mordant les âmes perdues.

" Qu'est-ce que tu as vu, ma chérie ? "

Elle a bougé la tête d'un côté à l'autre plusieurs fois, sans rien dire, et elle a frissonné quand je l'ai prise dans mes bras. Ce frisson m'a profondément émue et je me suis souvenue d'avoir tenu la main d'une malade qui se tordait de douleur en racontant à voix basse les sévices qu'elle avait subis pendant une abominable enfance. Une voix silencieuse a hurlé à l'intérieur de moi qu'aucun enfant de treize ans ne devrait tant souffrir.

Morgane ne m'a jamais parlé de ces démons. Je me demande parfois si son silence était vraiment un choix ou une stratégie automatique, de même qu'on ne nourrit pas une bête dangereuse qui rode la nuit.

Elle avait quitté SHARP la tête haute en février, faisant face à l'avenir avec courage. Chaque semaine, jusqu'à ce qu'elle ait son permis, Michael ou moi la conduisait là-bas, où elle racontait à un groupe de jeunes récemment admis son histoire avec les drogues et l'alcool, et comment ça l'avait amenée au point de vouloir mourir, comme beaucoup de ceux qui l'écoutaient. Ensuite elle partageait ce qui l'aidait à rester sobre. Au cours des années suivantes j'ai rencontré plusieurs membres d'AA et NA (Narcotiques Anonymes) qui m'ont dit qu'elle leur avait sauvé la vie.

Elle allait à plusieurs réunions par semaine, appelait régulièrement son sponsor, et allait danser avec des copains sobres. À la maison, elle et son père parlaient fréquemment de leurs programmes de sobriété.

Je continuais à aller aux réunions d'Al-Anon. Au début, je m'étais rebiffée contre le langage religieux d'Al-Anon, mais ça ne me dérange plus d'entendre la façon dont d'autres s'expriment selon la religion qu'ils ont choisie. J'ai confiance en ce que j'ai vu dans ces réunions, l'honnêteté, la gratitude, le courage, la camaraderie, l'humilité. Ces mots évoquent des souvenirs précis de gens qui n'ont pas honte de pleurer, qui veulent aller de l'avant, et qui rient quand quelqu'un admet avoir eu une pensée stupide ou fait un acte inconsidéré où ils se reconnaissent.

Je connaissais trop de personnes, patients et amis, qui avaient rechuté pour croire qu'AA et NA marcheraient pour tout le monde à chaque fois. Et pourtant je connaissais assez de gens qui avaient émergé, intacts, de longues années de désespoir grâce à ces principes, pour espérer que Morgane aussi pourrait guérir.

Michael et moi étions résolus à faire tout notre possible pour l'aider, sans nous décourager, mais c'était difficile de discerner les meilleurs moyens. Il me semblait aussi dangereux de vivre dans la peur que dans l'espoir, car ils peuvent empêcher de voir la réalité. La peur est mauvaise conseillère parce qu'elle nous fait croire que nous n'avons pas le pouvoir de changer une situation.

J'étais certaine que choisir des activités qui nous avaient fait plaisir auparavant aiderait Morgane à être heureuse. Un dimanche matin au mois d'août, la journée s'annonçait chaude.

Nicolas est sorti de sa chambre en riant avec le copain qu'il avait invité. Il a donné au rat apprivoisé assis sur son épaule des morceaux de céréales de son petit déjeuner, et a demandé à son copain : " Tu veux le voir danser ? " Son ami a acquiescé avec enthousiasme, alors Nicolas a mis une cassette de musique rock et le rat s'est mis à remuer la tête et les épaules au rythme de la musique.

" C'est pas croyable, " a dit le garçon. " Si ! " J'ai adoré le ton triomphant de Nicolas. Il a choisi une cassette d'un style différent et le rat a suivi le nouveau rythme.

Michael a posé son journal pour rire avec les garçons. Je voulais que toute notre famille puisse rire ensemble ce jour-là. Alors j'ai suggéré d'aller à notre rivière de montagne favorite, un endroit parfait quand il faisait chaud.

" Je vais chercher les filles. "

Maia a refusé de nous accompagner parce qu'elle avait promis de passer la journée avec des amies. Je n'ai pas insisté pour qu'elle vienne. Elle faisait sa tournée d'adieux avant de partir pour l'université à New York.

Mais Morgane avait l'air contente, surtout quand j'ai dit que j'inviterais Inger, sa meilleure amie depuis l'école primaire. Juste le temps de mettre le piquenique dans un panier, prendre les maillots de bain et les serviettes, embrasser Maia et aller chercher Inger. Et nous sommes partis.

Assise sur un rocher plat au milieu de l'eau, j'ai regardé les filles danser sur un autre rocher en chantant à tue-tête. Puis elles ont sauté dans l'eau froide depuis le rocher le plus élevé en éclaboussant Nicolas et son copain, et leur ont lancé un défi de les suivre. Le souvenir de la cacophonie de cette journée est plus doux pour moi que n'importe quelle musique.

Je me suis dit que Morgane avait seulement pris des drogues et bu de l'alcool pendant quelques mois et que, si elle restait sobre, elle irait mieux en grandissant. Michael et moi ne voyions que sa détermination et le psychologue qu'elle allait voir une fois par semaine, un spécialiste des problèmes de l'adolescence, était également optimiste. Aucun de nous ne savait ce qu'elle écrivait dans son journal.

Ce cahier d'écolier, sur lequel elle avait écrit les dates du mois d'avril au mois de novembre 1988, ressemblait à n'importe quel autre quand je l'ai trouvé au fond de son placard, des années plus tard. Mais une fois ouvert, le pouvoir de destruction qui émanait des mots qu'elle avait gribouillés m'a paru radioactif.

Pendant une minute je suis capable d'aimer et de me débrouiller et je vois des choses positives dans ma vie et dans ma famille. La minute d'après j'ai envie de partir en courant et si je ne peux pas je panique. Je suis à cran en un rien de temps. Quelquefois désespérée. Quelquefois je pense à prendre des drogues ou à me suicider. Ces sentiments sont dangereux : j'ai tellement l'habitude de résoudre les conflits en y réfléchissant. De m'analyser. Mais maintenant ce sont mes émotions qui me contrôlent. Je n'avais jamais besoin de les contrôler avant. Mais maintenant oui et je ne sais pas comment m'y prendre. Il est temps d'apprendre.

C'était étrange de me reconnaitre dans ces mots. J'avais l'habitude de résoudre mes conflits en y réfléchissant, de m'analyser, et je connaissais aussi le pouvoir des sentiments dangereux. J'avais fait une sérieuse tentative de suicide et eu par la suite des dépressions graves, pendant lesquelles je craignais de ne pas pouvoir résister à une forte pulsion suicidaire. J'avais l'intention d'en parler à Morgane, pour lui offrir l'espoir qu'elle aussi pourrait aller mieux mais, en 1988, je ne l'avais pas encore fait. Je repoussais le moment, attendant qu'elle grandisse. Elle n'avait que treize ans et je ne voulais pas lui imposer ce fardeau, sans savoir qu'elle ployait déjà sous le poids du même fardeau.

Quand j'ai lu ce qui suit, je me suis demandé si elle décrivait les démons trop effrayants pour qu'elle en parle.

Je ne sais pas pourquoi j'ai ces visions où je taillade des gens. Des gens que j'aime bien.

Je n'arrive pas à me décider mais je suis certaine que je vais en finir. Ce serait plus facile si j'avais un revolver. Probablement du poison. Aujourd'hui j'habite sur la planète du livre de Ray Bradbury, celle où il pleut pendant sept ans, et où il y a du soleil ensuite pendant deux heures. Je ne veux pas attendre si longtemps.

Elle aimait les histoires d'horreur et faisait des commentaires macabres choquants, comme le font beaucoup d'adolescents pour montrer qu'ils sont coriaces.

Mais je ne savais que penser des visites que Morgane et un ami faisaient régulièrement chez un taxidermiste. Ni pourquoi elle insistait qu'on arrête la voiture pour qu'elle puisse tirer les animaux tués sur la route jusqu'à l'herbe des berges pour des espèces d'obsèques rapides. Nous nous moquions gentiment de ces comportements, pensant qu'ils étaient liés à l'affection de Morgane pour les animaux.

Je me disais qu'elle était juste une fille excentrique. Mais mon amour pour elle m'aveuglait alors que j'aurais dû la surveiller de près, examiner les raisons pour ces comportements, et peut-être découvrir ainsi qu'elle était obsédée par la mort.

Des pensées suicidaires m'arrivent comme par téléphone. Elles émergent dans ma tête sans cause ni raison. Il y a des gens qui ont des inspirations du genre " je crois que je vais regarder la télé ", moi c'est " je crois que je vais aller me pendre dans le garage. " Est-ce que c'est étrange ? Je ne sais pas.

De nombreux patients m'avaient dit des choses semblables, signes d'une sévère dépression. Le début d'une dépression est une phase d'extrême solitude, une expérience que la plupart de ceux qui en souffrent ne peuvent pas partager. Mais de le savoir ne m'a pas empêchée d'avoir le cœur serré quand j'ai lu ce qu'elle avait écrit ensuite.

Qu'est-ce que je vais faire ? On m'a dit que j'avais l'air distraite aujourd'hui. S'il vous plait donnez-moi quelque chose de plus solide. Il faut que j'arrête d'écrire et que j'affiche un sourire " Salut Maman ! Salut Papa ! " pour qu'ils soient contents. Ils sont contents = ils me laissent tranquilles. Ils pensent que tout va bien = je m'en porte d'autant mieux. Je n'ai jamais pleuré. Je ne me suis jamais énervée.

En 1988, j'ai choisi — quoique je doute que mon choix ait été pleinement conscient, pas plus que ne l'était le choix de Morgane de cacher ce qu'elle a écrit dans son journal — j'ai choisi de me contenter de son bonheur apparent et de savourer la douceur de son sourire. Quand je la pressais de questions et qu'elle ne voulait pas répondre, elle me regardait gentiment et bougeait la main comme pour chasser une mouche importune, et je me taisais.

Il me parait impossible que j'aie pu penser que le journal de Morgane était un cadeau. Et pourtant, c'est le mot qui m'est venu à l'esprit quand j'ai commencé à le lire, suivi de son contraire, " je déteste ça ". J'étais si perturbée que je me suis levée pour faire les cent pas dans la pièce, la gorge serrée et les mains tremblantes. Je voulais me sauver à toute vitesse, garder les yeux fermés et les mains collées sur mes oreilles. Mais je voulais aussi apprendre autant que possible sur elle, pour connaitre ma fille dans toute sa réalité.

Alors j'ai continué à lire.

Qu'est-ce qui se passe ? Où est-ce que ça mène ? La mort - la folie ? J'ai envie d'hurler mais je ne peux pas. A l'intérieur je suis en lambeaux et c'est le chaos. Mais je ne peux pas montrer ce que je ressens, que je suis merdique et foutue, et je déteste tout ça.

Je ne peux rien laisser paraitre car qui sait ce qui arriverait. Ce ne serait pas prudent. " Je peux tout gérer - je n'ai besoin de personne, " est-ce que tout ça n'est plus vrai ? NON, je ne l'accepterai pas.

Je ne sais que penser maintenant de tout cela. J'y vois une sorte de courage insensé chez une très jeune fille. Je présume, sans preuve, qu'elle a caché l'intensité de ses problèmes en partie parce que qu'elle était gênée par leur incohérence, qu'elle voulait d'abord démêler les choses seule. Mais peut-être que je pense cela uniquement parce que c'est ce que j'ai fait après ma tentative de suicide.

J'aimerais tant revenir en arrière et la supplier. " Laisse-toi aller, nous te remettrons sur pied. S'il te plait ma chérie, montre-nous la douleur que tu caches, nous l'apaiserons. " Mais c'est de la folie, parce que je doute que nous, ses parents et ses thérapeutes, aurions pu l'apaiser et la remettre sur pied.

Mon expérience personnelle m'avait appris que la guérison est possible et je présumais qu'il en serait de même pour mes patients, tout en sachant que je ne pouvais ni prédire, ni garantir une issue positive pour qui que ce soit. Le thérapeute de Morgane, Michael et moi avons essayé de l'aider, mais aucun de nous n'a deviné qu'elle allait aussi mal que ce qu'elle a décrit dans son journal. Nous nous sommes concentrés sur sa force et son courage.

Elle a commencé le lycée en 1988. Elle travaillait beaucoup et s'était inscrite à un cours de jazz à 7 heures du matin. Elle a décidé de jouer du saxophone ténor, et je me souviens d'elle jouant dans notre jardin au mois de mai 1989, assise sur le dossier d'un banc de bois, une longue jambe touchant le sol, battant la mesure du pied, des rhododendrons en fleurs derrière elle. Il faisait beau et chaud ce jour-là et elle était incontestablement heureuse, le visage radieux. Je sais que ma mémoire ne me trompe pas car le moment a été fixé sur une photo. Un cousin venant de France avait apporté son saxo, et Morgane et lui ont improvisé un morceau de jazz sur un air de John Coltrane.

Ce même été pourtant, pendant une visite chez une cousine en Provence, Morgane est partie une fois, sans nous prévenir, grimper une falaise rocheuse instable proche de la maison. Il n'y avait pas de sentier, il faisait très chaud, elle n'avait pas pris d'eau, et elle portait un short, un débardeur et des tongs. Elle ne connaissait pas l'endroit et, sans ses lentilles de contact, elle n'y voyait presque rien.

Des heures plus tard, je lui ai demandé : " Morgane, qu'est ce qui t'a pris ? "

Nous avions sillonné le coin dans tous les sens, roulé sur tous les chemins de terre, arpenté à pied des sentes tracées par des animaux en criant son nom. La longue journée estivale finissait quand elle est rentrée en titubant, après avoir erré sans but avant de retrouver son chemin. Ses jambes nues étaient couvertes de sang après plusieurs chutes sur les cailloux coupants qui glissaient sous son poids, elle s'était tordu la cheville et était si déshydratée que ses lèvres étaient fendues.

Elle avait le visage défait et ses yeux avaient perdu leur couleur. Elle semblait revenir d'un autre monde. Elle était incapable de me dire lequel, et il m'est venu à l'esprit, en scrutant son expression vacante, que c'était la mort.

Elle prenait souvent des risques physiques extrêmes sans les considérer à l'avance, comme si la mort l'attirait.

Elle est allée plusieurs fois vers la mort, mais s'est retenue au dernier moment et est revenue vers la vie. Comme Perséphone au royaume des morts, où habitait son époux, qui retrouvait sa mère sur terre pendant six mois de l'année.

Je me souviens d'une jeune étudiante qui, au début de son traitement pour une dépression sévère, écrivait des poèmes d'amour à la mort. Elle était romantique et devenait curieusement animée en évoquant la mort comme si c'était un jeune dieu. Quand je lui ai demandé de décrire comment elle imaginait ce qui se passerait après sa mort, elle m'a dit qu'elle se voyait acceptée dans un endroit chaleureux, d'une beauté qu'elle ne pouvait pas imaginer dans sa vie douloureuse. Nous avons ensemble réussi à l'aider, en imaginant d'abord une vie où elle trouverait cette paix et cette beauté, pour ensuite construire cette vie.

Ce que je n'ai pas pu faire pour ma fille. Pendant son adolescence, je ne comprenais pas d'où venaient ses phases de tristesse sans raison apparente et son attitude cavalière envers le danger. Je n'avais pas encore réalisé la sévérité du problème. C'est effrayant d'envisager un diagnostic de maladie mentale sévère chez une fille de quatorze ans.

Quand Michael et moi sommes allés voir son thérapeute, il a parlé d'ajustement au fait de grandir, ce que nous avons avidement accepté. Je ne saurai jamais si Morgane a gardé ses secrets pour nous épargner, ou parce qu'elle aussi était incapable de reconnaitre la gravité de sa situation.

Voici ce qu'elle a écrit à la fin de son journal.

Je n'en ai rien à foutre. Seulement Pink Floyd. Rien n'a d'importance. The Final Cut. Je veux me tirer une balle dans la tête. Sans raison. J'en ai juste envie. Je croyais que j'allais mourir et je le voulais. Quand ça

n'est pas arrivé c'était juste quelque chose comme :
" Oh, merde, qu'est-ce que je fais maintenant ? "

Je me souviens qu'elle quittait souvent la table immédiatement après le diner pour s'enfermer dans sa chambre et mettait la musique à pleins tubes. Encore Pink Floyd. Je détestais cette musique.

Ma tête me torture. Je voudrais juste devenir une gosse des rues – courir vite – et devenir un petit dur. En marchant dans une ruelle hier soir j'ai eu une drôle de sensation. Une affinité avec les briques et les graffiti. Je devrais aller dans une ville violente et vivre dans ce genre de ruelles. La musique s'accélère de plus en plus. Dans mon cœur je rêve d'être un de ces chiens galopants. Il y quelque chose en moi qui me pousse très fort vers le mal. Le sentiment que j'ai parfois quand je suis dans les rues. C'est tellement familier. Ça fait des années que ça me tourmente. Qu'il y a quelque chose " là-bas ".

Malgré ces tourments, elle continuait à mener une vie active, allait à l'école, faisait du théâtre, de la musique, sortait avec des amis, et jouait avec Nicolas et la chienne.

Elle venait parfois déjeuner avec moi, mangeant un croque-monsieur ou une soupe aux palourdes dans la petite cafétéria au rez-de-chaussée de l'immeuble où se trouvait mon bureau. Ou bien je l'emmenais acheter de jolis vêtements. Ceci me parait maintenant absurdement trivial par rapport à ses besoins, mais peut-être que ça comptait pour quelque chose. Nous parlions de littérature et je critiquais son engouement pour les romans d'horreur d'Ann Rice.

Elle s'intéressait à beaucoup de choses. Elle parlait de ses cours de science, des endroits lointains où elle voulait aller, et de ses croyances spirituelles, car elle était attirée par le bouddhisme. Nous écrivions des lettres pour Amnesty International et Morgane a adopté un prisonnier de conscience indonésien. Quand Maia est rentrée de New York pour les vacances d'été, nous sommes allées à un rassemblement pour Geraldine Ferraro, candidate à la vice-présidence des États-Unis, et les deux filles lui ont serré la main.

Elle aimait aussi trainer autour du poste des infirmières le week-end quand je faisais mes rondes à l'hôpital en fin d'après-midi. En rentrant à la maison je lui disais à quel point la médecine était passionnante, parce qu'on est proche des choses les plus importantes de la vie. Elle a dit : " Je veux être médecin et maman, comme toi. "

Elle me faisait rire en imitant les employés du secrétariat de son lycée. Un jour elle m'a dit, d'une voix méprisante : " Tu ne peux pas savoir à quel point elle est bouchée celle-là. " Je lui ai expliqué comment se comporter de manière courtoise pour obtenir ce qu'elle voulait.

Elle était aussi la seule de la famille qui aimait faire du scooter avec moi. Je me souviens avec bonheur de la sensation de ses bras autour de ma taille et de son torse plaqué contre mon dos dans le vent frais du printemps, pendant que nous roulions sur des routes qui zigzaguaient dans les collines. Nous étions heureuses de partager cette complicité.

Michael et moi étions d'accord sur l'essentiel depuis la tentative de suicide de Morgane. Rétrospectivement je nous vois comme des soldats partageant une tranchée, s'appuyant l'un sur l'autre et profondément reconnaissants de ne pas avoir à porter seul le poids de la responsabilité. Je n'avais pas eu de sévère dépression depuis longtemps et Michael faisait des efforts pour rester calme.

Mais je soupçonne que ma mémoire est sélective. Nos défauts étaient sans doute présents, les accès de colère de Michael et mon habitude de me critiquer. Maia m'a dit plus tard : " Ce n'est pas bon d'être élevé par une mère dépressive. " Elle avait raison. Cela prive les enfants de l'attention qu'ils désirent intensément et qui leur est due, car on est centré sur soi, même si l'attention tournée vers soi critique et rabaisse.

Je sais depuis longtemps que la colère et la dépression ont affecté des générations dans ma famille, comme les volcans et les glaciers sculptent des chaines de montagnes, et ont creusé en moi des paysages intérieurs désolés. Heureusement, j'ai pu m'appuyer sur mes amis, mentors et thérapeutes, et développer ainsi de nouvelles habitudes qui me permettent d'avoir une bonne vie.

CHAPITRE 6

La Douleur Cachée

À quinze ans, Morgane était en seconde au lycée. Elle semblait plus forte de bien des façons et l'espoir qu'elle aille mieux en grandissant paraissait raisonnable. Elle s'était fait couper les cheveux presqu'en brosse et ils ressemblaient à une couronne dont la couleur foncée faisait ressortir le bleu de ses yeux.

Sa silhouette attirait les regards quand elle marchait à grandes enjambées à côté de Jason, son chéri, tous les deux grands et beaux, portant de longs manteaux et des bottes Doc Martens. Avec sa lèvre inférieure charnue qui évoquait la bouderie et son regard qui glissait sur les gens, ceux qui la croisaient dans la rue auraient pu la croire méprisante. En fait elle ne voyait pas assez bien pour identifier un visage de loin.

J'étais heureuse de la voir en meilleure forme. Un jour où je rentrais à la maison en fin d'après-midi, je l'ai trouvée dans la cuisine avec Nicolas. Après un coup d'œil dans ma direction elle a crié : " Nicolas, sauvons-nous vite ! " Je l'ai rattrapée dans sa chambre et l'ai poussée sur le lit pour la chatouiller.

Je lui ai demandé pourquoi elle s'était sauvée. " Tu nous regardais *comme ça*. " Étonnée, j'ai levé les mains en l'air en haussant les sourcils et elle a ajouté : " Quand tu rentres à la maison on dirait que tu veux nous couvrir de baisers. "

J'ai dû plaider coupable. L'amour était réel, le plaisir et les rires aussi.

Seulement quelques mois plus tard, la joie que je ressentais en voyant Morgane était souvent interrompue par des moments d'effroi. Ses meilleurs amis étaient des jeunes brillants et complexes, qui débattaient avec compétence du sens ou du manque de sens de la vie, et qui dénonçaient l'hypocrisie de la société avec une colère teintée d'autosatisfaction. Morgane dessinait sur les couvertures de ses cahiers la lettre A entourée d'un cercle qui signifiait l'anarchie, et elle avait mis sur le mur de sa chambre une affiche qui disait : " Les jeunes devraient dominer le monde pendant qu'ils savent encore tout. "

Elle ne portait que du noir et des vêtements grunges, et était attirée par les choses et les personnes étranges. Elle s'accroupissait auprès des sans-abris sur le trottoir pour engager la conversation. Elle nous racontait des anecdotes drôles, décrivant par exemple un homme qui se faisait appeler Chien, ce qui a suscité en moi des images inquiétantes, et qui appelait son chien Mec.

Son regard lointain m'inquiétait. Dans les groupes NA, elle rencontrait des gens qui racontaient des incartades à faire dresser les cheveux sur la tête. Je pensais qu'elle était trop jeune pour être exposée à ce genre de choses.

Elle a rompu avec Jason après environ un an, parce que le fait qu'il continuait à fumer de la marijuana menaçait sa sobriété. Après la rupture, elle a passé de longues heures dans sa chambre, seule et refusant de se confier à son père ou à moi.

Le second journal que nous avons trouvé plus tard, un registre de bureau relié en noir, date de cette époque-là, entre janvier et mars 1991. Elle a rempli un tiers des pages d'une écriture serrée. Au début, elle exprime l'amour et le manque, d'une façon qui ressemble à n'importe quelle histoire déchirante d'adolescent.

Tu ne me manques pas. Je ne t'aime pas. Je ne veux pas de toi. Je suis une menteuse.

Sauf que tous les adolescents ne se demandent pas, comme elle le fait dans ce journal, quel est le meilleur moyen de se tuer, en se pendant à la branche d'un arbre dans le parc à côté de chez nous, en se procurant assez de drogues pour se les injecter, ou en s'arrêtant devant les voitures dans une rue passante en pleine heure de pointe.

11h15. Est-ce qu'aujourd'hui sera le dernier jour de ma vie. Je crois que je vais le faire ce soir. Il fait beau dehors, vraiment un temps magnifique. Au revoir tout le monde. Mon dieu ... je vais vraiment le faire, non ? Désolée Maman et Papa. Ça fait un peu peur.

15h. Je n'arrive pas à franchir le pas. Pour une raison ou une autre je ne crois pas que je devrais le faire, mais j'ai presque envie de me forcer. Ce qui me retient c'est cette espèce d'instinct bizarre qui défie la logique. Je m'accroche, je ne sais pas pourquoi et ça me fout presque en rogne. Je n'ai pas envie de dire à quelqu'un que je vais le faire simplement parce qu'alors je m'engagerais à le faire. Je ne sais pas pourquoi mais il y a une part de moi-même qui ne veut pas mourir. Mon esprit dit "Fais-le " et mon corps

> ne bouge pas. J'ai décidé il y a dix heures que j'allais me tuer et je suis toujours vivante. Bon sang ! Je ne veux pas continuer par télécommande. Je ne veux pas continuer à vivre quand mon cerveau hurle "Non ! "

Et le lendemain :

> J'ai évité de me tuer pendant quelques heures encore. Pourquoi ? Cette volonté de survivre m'épate. Je n'en reviens pas. Cet instinct si profondément ancré et si fort. Ça fait des années qu'il me maintient en vie pendant que mes facultés mentales sont en déroute. Je suis sidérée de voir le temps que j'ai passé à vouloir mourir. Pourquoi je ne le fais pas ? Est-ce que c'est juste des restes d'instinct ou quelque chose de supérieur ? Je crois que je suis terrifiée par l'idée d'être un humain. Il faut beaucoup d'efforts pour vivre une vie et je ne m'en crois pas capable. Je n'en ai parlé à personne. Mais ça ferait surement beaucoup de mal à mes parents.

Presque rien d'autre nous concernant dans ce journal.

Il faut que je m'en aille d'ici, écrit un peu plus tard, est tellement tangentiel que ça fait mal.

Dans son journal de trois ans plus tôt, elle avait raconté qu'elle était furieuse contre moi parce que je l'avais fait travailler pour rembourser le prix d'une vitre qu'elle avait cassée dans un accès de colère quand elle était à SHARP. Et elle s'était plainte de son père, qui lui disait qu'elle était formidable, intelligente et gentille, et la minute suivante lui criait qu'elle était irresponsable, gâtée, méchante, et qu'elle lui manquait de respect. Nous étions absents du second journal et elle n'a mentionné John, son psychothérapeute, qu'une fois.

> *Je pourrais devenir une " héroïne du programme " à 33 ans en restant sobre pendant 20 ans. Je pourrais me tuer demain. Vivre pour être médecin. Une super junkie parmi les condamnés à mort. Tout le monde s'en fiche. Pas John. John vraiment pas. Je ne sais pas pourquoi.*

C'est pénible de voir que nous, les adultes qui étions censés l'aider, apparaissent tellement inutiles.
 Elle faisait souvent appel à Dieu, l'autorité sur laquelle elle voulait pouvoir se fier.

> *Seigneur, donne-moi la force de pardonner. Donne-moi la force d'aimer. Donne-moi la force de regarder dehors et de voir une belle journée. Je t'en prie, Seigneur, aide-moi le long de mon chemin. Aide-moi à te faire une place dans mon cœur.*

Page après page, suppliant, espérant, priant, elle se servait des mêmes mots religieux que j'avais utilisés dans ma jeunesse pour éloigner le désespoir. Mais son ton avait changé à la fin du journal.

> *Je pourrais partir. Commencer à me droguer et filer vers la Californie. Pas d'amour. Pas de Dieu. Tu n'as que 16 ans, les choses pourraient aller mieux. Je pourrais peut-être y trouver une consolation. "Je suis une enfant de Dieu. " Merde, c'était juste le hasard. Vivre pour la Beauté ? Je ne crois pas. Vivre pour être utile ? Mais bon sang je ne sème que le bordel. Je ne suis qu'une saloperie de déchet spirituel.*

Un soir de printemps en 1991, quand elle était en première — peut-être juste après avoir écrit ces dernières lignes dans son journal — Morgane s'est levée pour débarrasser la table, et s'est tournée pour lancer à son père et à moi, sur un ton désinvolte : " Je laisse tomber l'école. C'est trop nul. Je ne le supporte plus. "

" Qu'est-ce que tu racontes ? " a demandé Michael, en repoussant sa chaise, les muscles des bras noués par la tension.

" La seule bonne chose c'est l'orchestre de jazz et j'ai été obligée d'abandonner. " Les lèvres pincées comme pour s'empêcher de pleurer, elle a secoué la tête comme un chien trempé qui veut se débarrasser de l'eau, et a continué à voix forte. " Je ne peux pas lire les foutues partitions quand je suis debout. Je ne vois pas assez bien. "

Je lui ai dit sur le ton raisonnable qui l'exaspérait : " On pourrait changer tes lunettes. "

Elle a crié : " Non, Maman, c'est pas ça. Je veux voyager, voir le monde. " Son irritation a été vite remplacée par un sourire. " Ce sera une bonne expérience pour quand je serai avec Médecins sans Frontières. " Elle savait que je fondais à chaque fois qu'elle mentionnait ses projets de devenir médecin.

Michael a demandé : " Et de quoi vivrais-tu ? "

Elle lui a lancé un regard méprisant comme si son seul souci était l'argent. Elle se tenait très droite, les jambes écartées et les bras croisés, le visage sévère. " Ne t'inquiète pas. Je me débrouillerai. Je trouverai du travail. "

J'ai frappé la table du poing. " Morgane, ça n'a aucun sens ! Tu as seize ans, tu ne peux même pas trouver un boulot décent à peu près légal. Tu es jeune, tu as un corps splendide, et tu crois tout ce que te raconte n'importe quel paumé. Tu ne vois donc pas ce qui t'arrivera ? " Je lui ai expliqué qu'elle pourrait être victime de trafic sexuel.

" Non, non. " Elle a essayé de me rassurer d'un ton qui n'était plus argumentatif, plutôt gentiment séducteur. " Ça ira, Maman. Ne t'inquiète pas, je peux me débrouiller seule. "

Michael et moi avons eu assez de bon sens pour arrêter la discussion à ce point et lui demander un peu de temps pour réfléchir, ce qu'elle nous a accordé d'un air condescendant avant d'aller dans sa chambre.

Nous avions peur bien sûr, et les jours suivants nous avons usé de toute notre influence pour la garder à l'école jusqu'à ce que nous ayons mis sur pied un plan d'action. Morgane a accepté, mais elle a ajouté qu'elle n'attendrait pas longtemps.

Nous ne pouvions pas ignorer ce qu'elle disait. C'était une enfant qui, avant d'avoir trois ans, quittait régulièrement la maison au milieu de la nuit en chemise de nuit pour explorer le quartier, ce que nous n'avons pas découvert pendant des semaines. Jusqu'au jour où Michael a fermé à clé la porte qui donnait sur le jardin et qui n'était généralement pas verrouillée, et elle a dû sonner à la porte à deux heures du matin.

Dès qu'elle avait appris à marcher elle était partie à sa guise, dans les centres commerciaux et les bâtiments administratifs, sans malice mais sans prévenir. Quand elle avait trois ans, pendant une escale à l'aéroport de Saint Louis en rentrant de vacances, elle a regardé la tempête de neige par la fenêtre et est partie sans un mot. Surprise de nous voir bouleversés après l'avoir cherchée pendant presqu'une heure, elle nous a dit en tout innocence qu'elle voulait retourner à la plage.

Une autre fois, inspirée par le film Peter Pan, elle a essayé de s'envoler depuis le balcon du premier étage de notre maison pour atterrir dans les buissons. Elle s'en est sortie avec des écorchures et des bleus, heureusement pas de fractures.

La curiosité la poussait vers l'avant et nous ne pouvions pas lui faire assez peur pour la garder près de nous. C'était épuisant de la surveiller. Michael disait souvent : " Si on vivait en pleine nature comme il y a des siècles, cette enfant serait morte. Elle se serait éloignée du feu et aurait été dévorée par une bête sauvage. "

Alors nous lui avons parlé pendant des heures, essayant de faire appel à son intelligence et à sa raison. Elle prenait déjà des cours avancés en sciences et nous avons suggéré qu'elle en fasse davantage.

" Non. Le lycée, c'est stupide, je veux arrêter. Maman, tu as quitté le lycée à seize ans. Pourquoi pas moi ? " Je lui ai fait remarquer que j'avais passé mes examens avec ma classe et que je n'avais pas abandonné, et qu'elle serait pénalisée si elle le faisait parce que ce serait plus difficile d'être admise dans une université.

Puis Michael s'est souvenu que l'examen de sortie du lycée n'était pas absolument nécessaire pour entrer à l'université. En désespoir de cause il a dit à Morgane qu'elle pourrait postuler auprès de l'université d'Oregon pour une admission anticipée. Ce serait une démarche difficile pour obtenir une dispense spéciale. Il faudrait qu'elle soit recommandée par des professeurs de son lycée et qu'elle passe un entretien avec les administrateurs de l'université.

Nous lui avons proposé un échange. Nous pensions toujours que ce serait mieux qu'elle finisse le lycée avec ses pairs, mais si elle était acceptée à l'université nous l'aiderions.

Les profs à qui elle a demandé des références ont appelé Michael. " Vous devez arrêter de pousser cette enfant. C'est irresponsable. " Il a entendu ce qui n'était pas dit, quel est votre problème, et a essayé d'expliquer que, loin de la pousser, nous nous accrochions à elle comme si elle était un petit bateau pris dans une tempête, et que nous essayions seulement de la guider vers une meilleure solution.

Beaucoup de choses m'ont échappé à ce moment-là. Les manifestations explosives de la maladie maniaco-dépressive de Morgane seraient révélées quelques mois plus tard, et je suis furieuse de ne pas avoir soupçonné plus tôt ce qui semble évident a posteriori. Sa confiance excessive, sa détermination, son énergie intense, et ses pouvoirs de persuasion pouvaient indiquer un épisode de manie. En tant que mère, j'étais tentée d'applaudir sa concentration sur un but et son optimisme après des années de doute et de confusion.

Elle ne parlait pas de sa profonde souffrance et de son désespoir, ni de sa peur ou de son désir de mourir. Même si j'avais pu les percevoir, je peux comprendre que j'aurais préféré oublier les images de Morgane à treize ans, de ses joues creuses et son dos vouté, regardant des films d'horreur dans le salon. Personne ne peut savoir si un traitement médicamenteux commencé plus tôt aurait changé le cours de sa maladie. Je suis néanmoins submergée par la culpabilité, et ne peux que me rappeler avec humilité le brouillard de l'incertitude.

Même en n'ayant qu'une vue partielle de la situation, Michael et moi avons fait de notre mieux. Comme elle, nous pouvions nous tromper mais nous étions courageux.

Le projet d'admission anticipée à l'université a concentré

l'énergie de Morgane et l'a poussée à réussir au lycée. Et ça a marché. Elle a été autorisée à commencer les cours d'université au mois de septembre. Elle est allée au bal de fin d'année du lycée avec deux amies. Elle portait une longue robe moulante en velours, avait mis du rouge à lèvres sur sa bouche souriante, et elle est revenue trempée de sueur après avoir dansé toute la nuit.

Au début de l'été, elle nous a convaincus qu'elle devrait s'habituer à vivre loin de la maison. Elle a emménagé dans un appartement avec une amie et trouvé un petit boulot. Un samedi où je me suis arrêtée chez elle par hasard parce que j'étais dans le quartier, j'ai eu la désagréable surprise de trouver les filles endormies bien après midi et le sol enfoui sous un tas de vêtements et de cartons de frites de chez McDonald, l'odeur de graisse figée se mêlant à celle d'encens indien. Je leur ai dit qu'elles devaient tout nettoyer et que je reviendrais de temps à autre pour vérifier qu'elles s'occupaient bien de l'appartement.

J'ai emmené Morgane manger une pizza à côté, et elle m'a distraite en me parlant ce qu'elle avait vu à l'hôpital. J'avais demandé à deux de mes collègues, l'une chirurgien généraliste et l'autre neurochirurgien, si elle pourrait les accompagner pendant un mois pour se faire une idée de leur travail. Elle m'a raconté les os cassés remis en place au service des urgences, et le bruit d'une perceuse perforant un crâne dans la salle d'opération. " Elles sont fortes, ces femmes. Elles travaillent sans arrêt pendant des heures. C'est vraiment ce que je veux faire. "

Elle a rencontré Chris cet été-là. Il avait dix-neuf ans, était petit, blond, et discret. Il venait de quitter une petite ville à la campagne pour travailler dans la station-service de son père à Eugene. Doux et généreux, gâté par sa mère et ses sœurs ainées, il était ébloui par Morgane, dit-il, par sa beauté et son intelligence, et voulait l'épouser. Ils ont parlé d'avoir un bébé, nous terrifiant de nouveau.

Nous avons passé trois bonnes semaines de vacances en France, faisant le tour de mes tantes, cousins et amis. Maia et Morgane connaissaient bien ma famille. Ayant la double nationalité française et américaine, elles avaient pu aller à l'école de mon village natal où vivait ma mère. Celle-ci est tombée malade avant que Nicolas soit assez grand pour rester seul avec elle, ce qui l'a empêché d'apprendre le français comme ses sœurs, et il s'ennuyait pendant des conversations interminables. Alors Michael l'a emmené faire du vélo, et a découvert que lui aussi aimait faire des balades d'un vieux village à l'autre.

Les trois dernières inscriptions dans le journal de Morgane de cette année-là ont un ton différent des précédentes, moins frénétique, plus réfléchi.

Au mois d'août, après avoir relu son journal, elle a écrit :

Si je suis vraiment bonne et innocente, ce que je ressens est tellement triste.

Je suis d'accord avec elle, elle ne méritait pas de tels tourments, et moi aussi je suis triste. Je voudrais la prendre dans mes bras et l'embrasser pour atténuer cette douleur que je ne pouvais pas faire disparaitre.

21-8-91. La vie est étrange. Ça ressemble terriblement à grimper une montagne. Les jeunes ne sont rien d'autre que la représentation d'un potentiel. Des possibilités à l'état brut et pur. Obscur. Je suis rapidement en train de devenir une adulte. Je me sens triste,

> *comme coincée. Prise au piège, comme sur des rails. Je nage dans le fleuve de mon aveuglement et je m'y noie. Si je n'apprends pas à nager pour rejoindre la rive, je vais être inexorablement poussée vers l'apathie par ignorance de ma propre condition, généralement irrémédiable et fatale.*

Voici le dernier paragraphe, daté le jour où elle a quitté la maison pour commencer les cours universitaires.

> *4-9-91. Et bien voilà. Je suis partie. La France va me manquer. C'était la première fois où j'étais là-bas sans vraiment m'intéresser aux gens. Retour à l'école. Est-ce que je vais y arriver ? Est-ce que je vais tout foirer ? Bien sûr que non, mais je pourrais si je ne faisais pas attention. Je vais bosser comme une malade.*

Ce ne sont pas ses mots qui m'ont stupéfiée quand j'ai regardé la page suivante. J'avais écrit *Bonne chance, ta maman qui t'aime, José*. Je connaissais donc l'existence du journal, il devait être sur le bureau de Morgane ce jour-là. La couleur de l'encre indiquait que nous avions utilisé le même stylo, qui avait probablement servi à tenir le cahier ouvert à cette page.

Je suis certaine de ne pas avoir lu, en 1991, ce que Morgane avait écrit dans son journal. Évidemment je me demande si j'aurais dû le lire, si les informations qu'il contenait auraient permis d'agir autrement. Mais ne pas respecter la confidentialité dans notre famille aurait été impensable, il aurait fallu que je sois une personne différente.

Quand les cours d'université ont commencé, Morgane s'est installée dans un appartement proche de la fac, un studio au deuxième étage d'un immeuble bon marché. Elle nous a dit qu'elle aimait particulièrement les cours de philosophie et de chimie, qu'elle était stimulée et aimait avoir l'esprit occupé. Elle semblait heureuse.

Nicolas commençait la troisième au lycée, et Maia sa troisième année à l'Université de New York. Michael et moi étions prêts à souffler un peu.

CHAPITRE 7

L'Emprise de la Mort

Le soir du 15 octobre 1991, peu avant son dix-septième anniversaire, Morgane rentrait à pied de chez Chris qui habitait à quelques minutes de chez elle, décidée à travailler pour ses classes. Pendant qu'elle marchait, elle a été saisie par la conviction absolue qu'elle devait se tuer. Elle m'a dit plus tard qu'elle n'avait pas de raison pour le faire, que c'était simplement incontestable et inévitable, son seul choix étant la méthode.

Elle avait pensé aller jusqu'à un boulevard très passant qui était à deux pas de là, et se jeter sous les roues d'un camion qui roulait à toute vitesse. Deux choses l'ont arrêtée : après avoir observé la chirurgienne aux urgences, elle savait qu'elle pourrait être sauvée et ne pas mourir, et elle a pensé que le chauffeur du camion serait mis en cause et sa vie irrémédiablement gâchée.

De retour chez elle, elle a d'abord envisagé de nouer un sac en plastique autour de sa tête mais, à la place, elle a cherché dans ses affaires un cordon électrique dont elle avait depuis longtemps imaginé se servir pour se pendre.

Puis elle a pensé à Chris. Elle ne pouvait pas supporter qu'il se fasse des reproches, alors elle l'a appelé. " Chris, j'ai décidé de me tuer. C'est pas de ta faute, il faut juste que je le fasse. Je t'aime. " Et elle a raccroché.

Cher Chris ! Il était pétrifié mais nous a téléphoné tout de suite. Michael et Nicolas n'étant pas à la maison, j'ai dit que je partais tout de suite chez Morgane et lui ai demandé de m'y retrouver.

J'ai mis cinq minutes pour arriver chez elle. Je conduisais le cœur serré par l'angoisse, repoussant des visions de sang. Je me suis garée en bas de l'escalier que j'ai monté quatre à quatre, et j'ai sonné à la porte de l'appartement de Morgane en criant son nom. Pas de réponse, mais la lumière qui filtrait sous la porte m'a fait espérer qu'elle était là. J'ai plaqué mon corps contre la porte, comme si cela pouvait m'aider à sentir ce qui se passait de l'autre côté, et ai retenu mon souffle en collant l'oreille contre le bois. J'ai entendu des bruits et de vagues froissements impossibles à identifier, mais pas de gémissements. Elle bougeait donc, c'était bon signe. J'ai de nouveau crié son nom et tapé fort sur la porte, toujours sans réponse. Son silence me rendait folle.

Le couloir était sombre et les trois autres appartements semblaient vides, sans lumière, ni bruit. J'aurais aimé que quelqu'un m'aide, mais en même temps je ne voulais pas expliquer que ma fille était peut-être en train de se tuer.

Il fallait trouver un moyen d'arriver jusqu'à elle. Au bout du couloir, j'ai vu un balcon devant la porte coulissante arrière de l'appartement et j'ai escaladé la balustrade pour y arriver. J'ai poussé des mains, des genoux et des épaules autour du verrou de la porte en aluminium, en larmes mais avec une force décuplée par le danger de la situation. Finalement, j'ai pu me glisser à l'intérieur, rendant grâce à la construction médiocre de l'immeuble.

Morgane était vivante, mais ne semblait pas se rendre compte de ma présence. Elle était debout sur un haut tabouret au milieu de la pièce, un cordon électrique autour du cou, tripotant le plafonnier au-dessus de sa tête. Elle m'a dit plus tard qu'elle avait déjà essayé de se pendre, mais que la partie à laquelle elle avait noué le cordon avait lâché quand elle avait renversé le tabouret d'un coup de pied. Avec du plâtre sur les cheveux et les épaules, elle était maintenant en train d'insérer le bout du cordon directement dans le crochet du plafond. Elle n'a pas réagi quand j'ai dit son nom, comme si elle ne m'entendait pas.

J'ai entouré ses jambes de mes bras, et l'ai serrée de toutes mes forces, prête à supporter son poids si elle lâchait prise. Je gémissais, mais j'ai tenu pendant ce qui m'a semblé une éternité. Tout son corps était tendu, dressé vers le plafond, tandis que je la maintenais fermement contre moi.

Enfin, son corps s'est détendu et j'ai senti sa main tomber sur ma tête. Le cordon électrique a glissé vers le sol. J'ai fait descendre ma fille en la gardant contre moi et nous sommes restées blotties l'une contre l'autre, par terre, pendant que la berçais. Elle répétait " Je veux mourir, je veux mourir, " comme une complainte monotone, et semblait être très loin. Je l'ai gardée contre moi, brossant le plâtre de ses cheveux.

Chris a frappé à la porte en criant le nom de Morgane. Il n'avait pas pu bouger pendant longtemps après m'avoir parlé, parce qu'il était terrifié, et avait dû appeler un ami pour trouver le courage de venir chez Morgane. Quand je lui ai ouvert la porte, son visage était livide.

Nous avons aidé Morgane à se lever. Je lui ai dit : " Viens, on va t'emmener à l'hôpital. " Elle a reculé en disant non, non. Chacun de nous l'a prise doucement par un bras. La tête baissée, elle trainait les pieds, et nous l'avons soutenue pour descendre l'escalier.

Je les ai fait assoir à l'arrière de la voiture en demandant à Chris de bien la tenir, et j'ai fermé les portes à clef de l'intérieur avant de partir pour l'hôpital. Quand Morgane a vu le bâtiment, elle a essayé de se libérer de l'étreinte de Chris pour saisir la poignée de la porte. Je jetais des coups d'œil dans le rétroviseur, craignant qu'elle se jette hors de la voiture, mais il l'a retenue. Heureusement, elle semblait perdue, pas assez forte pour se débattre.

Je me suis garée devant l'entrée du service de psychiatrie et ai tenu la main de Morgane jusqu'au poste des infirmières où elle m'avait si souvent accompagnée. J'étais soulagée de voir des visages familiers. Morgane était vivante, et des professionnels en qui j'avais confiance allaient m'aider à prendre soin d'elle. Ce n'est que plus tard que j'ai réalisé que j'espérais que le fait qu'ils me regardaient avec amitié indiquait qu'ils ne me jugeraient pas. Tout parent convoqué au bureau du directeur d'école ou au commissariat du quartier sait de quoi je parle.

Le psychiatre chargé des admissions ce jour-là nous a emmenées dans un bureau, et nous nous sommes assises en face de lui. Nous nous connaissions et avons échangé un signe de tête avant de commencer. Morgane, les yeux baissés, n'a pas répondu aux questions du docteur, alors je lui ai raconté, d'une voix qui m'a parue étonnamment calme, l'appel de Chris et la presque pendaison, ainsi que les dates de son hospitalisation à treize ans, le nom de son psychothérapeute, sa récente admission à l'université, et son départ de la maison. Il a pris des notes, puis m'a dit qu'il voulait lui parler en tête à tête.

Chris était effondré sur un canapé dans la salle d'attente. Je lui étais extrêmement reconnaissante et l'ai pris dans mes bras. " Merci beaucoup de m'avoir appelée. Elle est en sécurité maintenant. " Il s'est serré contre moi comme un enfant sans rien dire. " As-tu un ami qui peut venir chez toi ? "

" Je vais appeler ma mère. "

La nuit était tombée quand j'ai téléphoné à la maison. Michael a répondu d'une voix forte. " Je me demandais où tu étais. L'hôpital t'a appelée ? "

" J'y suis, oui. Mais pas pour un patient. Je viens d'y amener Morgane. "

" Qu'est-ce qu'il y a ? "

Je lui ai répondu d'une voix sourde. " Elle a essayé de se tuer. "

Un silence, puis il a demandé : " Qu'est-ce qu'elle a fait ? "

Je lui ai tout raconté en quelques phrases et il a poussé un cri étranglé. " Oh non ! J'arrive. " Il a commencé à sangloter.

Je pleurais moi aussi. " C'est trop tard pour les visites ce soir. Elle est en sécurité, on peut y aller demain matin. Je rentre à la maison tout de suite. "

Michael, Nicolas et moi sommes restés dans le salon, silencieux et incapables de bouger pour aller nous coucher, longtemps après avoir passé en revue les derniers détails. En fin de compte, nous nous retrouvions avec beaucoup de questions mais pas de réponses.

Pour la nuit, on a mis Morgane dans une pièce vide à part un matelas sur le sol, avec une infirmière dans la chambre pour la surveiller car elle essayait de s'enfuir dès qu'on la laissait seule. Le personnel nous a dit le lendemain qu'elle ne parlait pas, faisant les cent pas dans la pièce. Au moment du changement d'équipe soignante, elle s'est cachée derrière la porte ouverte, a rapidement enroulé la ceinture de sa robe d'hôpital autour de son cou et attaché l'autre bout à la poignée de la porte, puis elle a glissé le long du mur pour serrer le nœud. La nouvelle infirmière s'est précipitée quand elle a vu le corps de Morgane, inconsciente, agité de soubresauts.

On l'a ramenée à la vie et on lui a donné de l'oxygène, mais les capillaires de son visage avaient éclaté sous la pression de la ceinture autour de son cou. Pendant des jours elle a gardé les stigmates pourpres de sa souffrance.

Quand on lui demandait pourquoi elle avait essayé de se tuer, elle répondait avec un haussement d'épaules et un sourire exaspéré. Sa conviction était tellement absolue que, si on la poussait, elle répétait qu'elle ne comprenait pas pourquoi ses parents et le personnel médical n'étaient pas d'accord avec elle. " Je dois le faire, c'est tout. Je suis *censée* être morte. "

Pendant des années j'avais observé chez mes patients la puissance de la pulsion suicidaire, causée par une idée inaccessible au débat rationnel, qui est la marque d'une dépression sévère. La certitude incontestée que sa mort, à ce moment même, est requise.

L'exemple le plus étonnant m'avait été donné par une malade que j'avais soignée à l'hôpital de Topeka. Une petite femme proche de cinquante ans, elle n'était remarquable que par son empressement obstiné à se tuer. Des tentatives répétées avaient été déjouées par la vigilance du personnel, pourtant elle continuait à essayer malgré toutes les interventions thérapeutiques possibles. Un jour, elle m'a annoncé : " Personne ne pourra m'arrêter, je le ferai. " Le lendemain matin on l'a trouvée morte dans son lit et l'autopsie n'a pas pu identifier de cause spécifique. Ce qu'on a finalement déduit était que, aussi incompréhensible que cela puisse paraître, elle était finalement morte parce qu'elle l'avait voulu de toutes ses forces.

Nous avons tous en nous des tendances à l'autodestruction, dont la force varie d'une personne à l'autre et d'un moment à l'autre. Le soir du 15 octobre 1991, l'ennemi de Morgane a laissé entrevoir son terrible pouvoir. Elle ne pouvait plus le tenir à distance et elle a accepté qu'elle devait mourir. Je connaissais cet ennemi, il avait failli me tuer aussi.

J'ai décrit en détails dans un autre livre les évènements qui ont précédé ma tentative de suicide. J'avais vingt-six ans, exerçant depuis un an comme généraliste, incapable de gagner ma vie et humiliée d'emprunter à mon père de quoi payer mon hypothèque. Il ne m'est pas venu à l'esprit que je souffrais de dépression et devrais me faire traiter.

En fin d'après-midi, j'ai fait quelque chose dont j'ai eu honte, et une force inflexible m'a poussée à avaler tous les barbituriques qui étaient dans mon cabinet. Comme si j'étais le juge, le jury, et l'exécuteur, j'ai décrété que je méritais la peine capitale, avalé le poison et fermé les yeux pour ce que je pensais être une mort immédiate.

La pulsion suicidaire était tombée sur moi comme le couperet de la guillotine, comme ce serait le cas bien des années plus tard pour Morgane. Et, de même que son coup de téléphone à Chris lui a sauvé la vie, la courtoisie a sauvé la mienne. Je me suis souvenue qu'une amie m'avait invitée à diner, et l'ai appelée. Quand elle a entendu que je ne pouvais pas répondre à ses questions, elle a contacté le gérant qui est venu avec son passe, et une ambulance m'a emmenée à un service de soins intensifs.

Je me suis progressivement remise de ma dépression et j'ai conclu un contrat avec moi-même qui tient toujours. D'avoir le courage de ne pas me tuer, même si j'étais suicidaire. En 1991, je croyais que j'avais été abondamment testée. Mais rien ne m'avait préparée à affronter Morgane, qui elle-même ne manquait pas de courage, avec des vaisseaux capillaires éclatés sur tout son visage.

CHAPITRE 8

Les Sables Mouvants

Quand j'ai vu Morgane entrer dans la salle d'attente où Michael et moi étions assis en silence, j'ai pensé que ça ne pouvait pas être la fille qui nous avait dit, quelques jours plus tôt, qu'elle se sentait inspirée par ses cours. Ses pas rapides, son regard lumineux, et son sourire à la fois ironique et joyeux avaient disparu. Elle était méconnaissable, avec un visage bouffi et des cheveux emmêlés. On aurait dit une vieille femme à la démarche hésitante, vidée de toute énergie, ou une enfant qui tenait la main d'une infirmière comme si elle ne pouvait pas marcher seule.

Michael l'a serrée dans ses bras, chuchotant des mots que je n'entendais pas, et j'ai pris sa main dans la mienne. Elle a baissé la tête et des larmes ont glissé lentement le long de ses joues ; je n'ai pas osé les essuyer, de peur de faire mal à son pauvre visage. Elle a murmuré " Pardon " et nous sommes restés l'un contre l'autre tous les trois, unis dans notre chagrin.

Le service psychiatrique de l'hôpital de Eugene, réservé au traitement à court terme de patients adultes, n'était pas équipé pour traiter un cas aussi grave chez une fille aussi jeune que Morgane. Alors le médecin qui l'avait admise a organisé un transfert par ambulance au service de psychiatrie pour enfants et adolescents à l'hôpital Providence de Portland, à 180 kms de chez nous.

Pendant les semaines qui ont suivi, Michael et moi y sommes allés, ensemble ou séparément, plusieurs fois par semaine. Chaque fois que j'appuyais sur la sonnette pour être admise au cinquième étage dans le service psychiatrique, le geste déclenchait un flot de terreur dans tout mon corps.

Les portes verrouillées et la chambre sans fenêtre où Morgane était isolée soulignaient le danger de sa situation. Et l'expression tendue des infirmières et de l'assistante sociale qui me parlaient indiquait que son traitement n'était pas facile.

Pendant plusieurs semaines elle est restée figée dans une attitude distante et froide. Elle répondait à peine aux questions du personnel médical et, quand elle le faisait, elle leur parlait comme à des collègues qui l'agaçaient, au lieu d'agir comme l'enfant qu'ils voyaient. Elle faisait des commentaires dédaigneux sur les activités de groupe, mangeait à peine, et réclamait des cigarettes alors qu'on lui avait dit qu'elle était trop jeune pour en avoir.

Comme pour remédier à ses mauvaises manières, je souriais aux autres patients dans la salle commune, et répondais aux questions du personnel avec bonne volonté. Morgane ne portait que ses vêtements noirs déchirés plutôt que ceux que nous lui avions apportés, et son regard était froid et opaque. J'essayais de ne pas lui montrer la peur qui me serrait le cœur.

Quand je quittais le service, la dernière étreinte rapide avec elle et le claquement de la serrure derrière moi me laissaient malade d'appréhension. Je me demandais ce qui pourrait se passer jusqu'à ma prochaine visite. Si j'étais seule, je m'asseyais sur un banc dans un couloir et pleurais avant de retourner à la voiture pour le long trajet de retour. Quand Michael et moi étions ensemble, nous restions silencieux jusqu'à l'arrivée à la maison.

Nicolas, qui allait bientôt avoir quatorze ans, est venu deux fois à l'hôpital pour participer à une séance de thérapie familiale. Le service le terrifiait, avec ses portes fermées à clé et des jeunes de son âge qui trainaient dans les couloirs, semblant perdus. Morgane aussi lui faisait peur, avec sa maigreur maladive. Elle évitait de le regarder ou de lui parler, et un air renfrogné avait remplacé le sourire tendre et taquin qu'elle lui réservait d'habitude.

Un matin, au début de la deuxième semaine, Michael et moi avons été invités à joindre l'équipe de soins pour une discussion consacrée à Morgane. Nous nous sommes assis contre le mur et j'ai regardé par la fenêtre, étonnée de voir tant de soleil à la fin d'octobre. Je me sentais mal à l'aise dans cette scène pourtant familière où le personnel entrait l'un après l'autre, se disant bonjour et posant des tasses de café et des feuilles de papier sur la longue table avant de s'assoir, et j'avais du mal à me concentrer.

Chaque personne a donné, à tour de rôle, un compte-rendu sur les examens physique et neurologique, les résultats des analyses de laboratoire, les observations des infirmiers, les tests psychologiques et l'évaluation familiale. Certains semblaient hésitants au début, lançant des regards en coin dans notre direction. La psychiatre a pris les choses en mains avec autorité, leur posant des questions perspicaces et sollicitant notre opinion, de sorte que l'attention s'est vite reportée sur elle. À la fin, elle a présenté ses propres conclusions basées sur les entretiens qu'elle avait eus avec Morgane, et elle a lancé la discussion commune sur ce qu'il fallait faire.

Je ne l'ai pas quittée des yeux. Elle avait des cheveux noirs bouclés, un regard intense, et environ quarante ans. Elle semblait bien aimer Morgane, ce qui m'a réconfortée. Michael et moi nous tenions la main sous la table.

On n'avait trouvé aucune lésion cérébrale, pas d'évidence d'alcool ou de drogues, donc il n'y avait aucune raison physique pour les symptômes de Morgane. Elle était encore suicidaire, déçue de ne pas être morte et déterminée à se tuer, à peine consciente des autres quand on ne lui adressait pas directement la parole. Tout indiquait une forme grave de maladie bipolaire, et elle n'allait pas mieux malgré des doses appropriées de lithium et d'antidépresseurs depuis plus de dix jours.

Je comprenais les implications de ce que j'entendais : le poids énorme d'une maladie handicapante à vie et le risque élevé de mort par suicide. Je me suis levée en même temps que les autres à la fin de la réunion, mais n'ai pas pu bouger quand Michael s'est dirigé vers la porte, comme clouée sur place par la terreur et mon impuissance. La psychiatre est venue vers moi, m'a prise doucement mais fermement par les épaules et m'a regardée droit dans les yeux. " Nous ferons tout ce que nous pourrons, mais vous êtes sa mère. Tant qu'elle vit vous ne pouvez pas abandonner. " J'ai hoché la tête en la regardant à travers mes larmes. C'était un réconfort de me sentir nécessaire, éventuellement utile, et j'ai quitté la pièce.

Ce n'est qu'après avoir commencé à écrire l'histoire de Morgane que j'ai pensé à demander à l'hôpital de m'envoyer son dossier médical. Je me suis dit que ce dossier pourrait aussi présenter un intérêt pour Maia, Nicolas et leurs futures familles.

C'était difficile de lire ce dossier. J'avais l'impression de plonger dans les eaux turbulentes d'un torrent alors que je pensais avoir retrouvé la sécurité de ses rives, exactement comme quand j'avais lu le journal intime de Morgane. Je ne sais pas vraiment ce que je cherchais.

J'ai d'abord été rassurée parce que mes souvenirs étaient corrects. Plus précieux encore, les documents où l'apparence et le comportement de Morgane étaient décrits m'ont permis de la revoir telle qu'elle était alors.

Le psychologue avait, par ses descriptions bien écrites et d'une grande acuité, dessiné une image du monde intérieur de Morgane qui m'a fascinée. Il décrivait ce que nous connaissions bien, comment ses aptitudes intellectuelles pouvaient être anéanties par la violence de ses émotions, qui l'assaillaient avec la force d'un ouragan, et par son étrange façon de penser.

> *Sautes d'humeur brutales et désirs soudains de libérer la tension … Contraste intéressant entre se sentir seule, lugubre et passive, et une participation active à des jeux dangereux impliquant des forces extérieures malveillantes … Elle semble s'appliquer à provoquer tout ce qui la rend malheureuse. Comme si Morgane essayait de se prouver qu'elle pouvait survivre à l'assaut et triompher de l'adversité.*

Ceci m'a rappelé le jour où elle était arrivée en titubant, les jambes ensanglantées, après avoir grimpé la falaise en Provence. J'ai aussi pensé aux démons qu'elle m'avait dit avoir rencontrés dans le désert, et au jour où elle nous avait déclaré qu'elle allait partir seule pour la Californie.

De lire ce qui avait été écrit sur Michael et moi m'a troublée. J'avais l'habitude d'être celle qui regarde et observe. Le fonctionnement de notre famille était exposé dans ces notes, et quelqu'un d'autre décrivait comment il me voyait. J'ai pensé au film L'Arroseur Arrosé, réalisé par Louis Lumière en 1895, qui dure environ une minute. Un jardinier déploie un long tuyau d'arrosage et commence à arroser son potager. Quand l'eau s'arrête de couler, il commence par secouer l'embout en fronçant les sourcils, et nous voyons ce qu'il ne peut pas voir : un petit garçon, caché derrière un buisson, a mis le pied sur le tuyau d'arrosage. Quand il voit l'homme ramasser le tuyau et regarder dans l'embout, ses épaules sont secouées par un rire silencieux et il lève le pied du tuyau. Le jardinier est aspergé par un jet d'eau, il est l'arroseur arrosé. En lisant les notes du thérapeute familial, j'étais l'observateur observé, aspergée de la même manière par une soudaine et froide prise de conscience.

Le récit d'une séance où Morgane, Michael et moi étions présents m'a glacé le cœur. Le thérapeute, un homme jeune qui ressemblait à un coureur de marathon, nous avait emmenés dans une pièce trop grande pour nous quatre, avec une rangée de fenêtres qui laissaient passer la lumière grise d'un ciel chargé de pluie. Il s'est assis, mettant un bloc de papier jaune à sa droite sur le large bras du fauteuil. Nous sommes entrés l'un après l'autre et assis en face de lui, Michael et moi sur un divan, et Morgane loin de nous sur une chaise.

Voici ce que le thérapeute a décrit dans ses notes.

L'attention s'est tournée vers le père qui a dit qu'il ne pouvait plus assumer les frais de Morgane habitant seule. Bien que les mots du père soient certaine-

ment *bienveillants, ils avaient aussi un côté mordant. Morgane, apparemment plus sensible au ton de son père qu'à ses paroles, a déclaré avec colère qu'elle ne pouvait plus vivre avec lui et revenir à la maison.* Je me suis fait l'interprète auprès de M. McCarthy pour lui dire que bien que ses paroles viennent d'un endroit aimant et bienveillant, elles étaient incongrues et il semblait en colère. Le père a alors explosé dans ce qui, pour la famille, ne peut pas être décrit autrement qu'un déchainement terrifiant. D'une voix tonitruante il a hurlé qu'il n'avait jamais voulu être entrainé dans une thérapie familiale. Sa colère s'est vite tournée contre la mère et il a commencé à l'attaquer rageusement pour un conflit concernant le diner de la veille, qui avait resurgi pendant le trajet vers l'hôpital ce matin. Au cours de cet échange Morgane s'est mise à sangloter, sa tête tournant de gauche à droite comme si elle essayait de chasser des sentiments douloureux. Elle s'est alors tournée vers moi, en larmes, comme pour dire : *Vous voyez.* Le visage de la mère s'est crispé de douleur et elle a tendu la main vers le père qui a bondi immédiatement à l'autre bout du divan en disant : " Ne me touche pas. Je veux être seul. " Puis il s'est tourné vers la mère en criant sur un ton chargé de vitriol : " Il faut toujours que tu aies le dernier mot. Tu t'en prends à moi parce que je ne travaille pas. Ça fait des années que ça dure. " On aurait dit qu'à chaque phrase rageuse M. McCarthy semblait perdre d'autres limites. À ce stade sa voix rebondissait littéralement sur les murs, terrifiant à la fois Morgane et sa mère. Morgane continuait à sangloter en secouant la tête, et disant : " *Je ne peux pas vivre là-bas, je ne peux pas vivre là-bas, je ne peux pas vivre là-bas.* "

Je suis resté silencieux pour créer une courte trêve prudente. M. McCarthy a commencé à se maîtriser et a continué : " *J'ai été obligé de prendre soin de moi depuis l'âge de deux ans, j'ai été obligé de réagir comme ça.* " J'ai fait la remarque que même si on pouvait comprendre sa réaction à deux ans, c'était plus difficile maintenant et cela ne servait qu'à terrifier les membres de sa famille.

Je me souvenais des explosions de Michael, bien sûr, comment il explosait comme une grenade et comment ses mots se transformaient en projectiles. Mais ce qui m'a stupéfaite quand j'ai lu ces notes c'est que je n'avais regardé que Michael, que je ne m'étais pas tournée vers ma fille, traumatisée par l'explosion. Et que c'est vers lui que j'avais tendu la main, au lieu de me lever et de prendre celle de Morgane pour partir et échapper à l'assaut. Comme s'il n'y avait pas d'autre option.

Intellectuellement, je peux comprendre qu'ayant été élevée par une mère explosive quand j'étais trop jeune pour esquiver ses attaques, j'avais appris à accepter des comportements agressifs. Quand quelqu'un hurle, ça ne sert à rien d'aller vers lui au lieu de garder ses distances. Je croyais que j'avais arrêté d'essayer d'apaiser les gens irrationnels, et maintenant je suis triste de constater que je ne l'avais pas fait. Ceci a imposé un fardeau supplémentaire à mes enfants, que j'abandonnais pendant les accès de rage de leur père.

Voici les notes de la semaine suivante.

> *Le père a abordé le sujet de son explosion de colère et il est ouvert à ce que la famille affronte son comportement de manière différente. La mère pense que sa réponse a été irrationnelle et elle est bien décidée à ne plus l'encourager lorsqu'il est dans ce qu'il appelle sa réaction de survie.*
>
> *Quand la mère a parlé de continuer une thérapie familiale à l'avenir, le père et la fille ont eu l'air de replonger dans un profond désespoir. Quand je leur ai demandé, tous deux m'ont dit que leurs attentes étaient minimes, mais qu'ils le feraient quand même.*

Je voulais tellement que quelqu'un d'autre nous aide. Je craignais de ne pas être assez forte pour faire face aux terribles dangers de la maladie de Morgane, et je doutais que nous pourrions nous en sortir seuls. J'avais besoin de quelqu'un qui nous donnerait de l'espoir pour l'avenir.

Une semaine, le thérapeute familial a demandé à Michael de venir pour rencontrer Morgane sans le reste de la famille.

> *Morgane a dit à son père que, quand elle était enfant elle avait peur de lui et était blessée par sa colère. Elle a indiqué que sa colère lui communiquait qu'elle était une enfant égocentrique qui ne se préoccupait pas vraiment des autres. Elle se souvenait de son père ayant dit, dans le passé : " Si je me retrouvais gisant dans mon sang quelque part, personne dans cette famille ne s'en soucierait. "*

Michael aussi avait ses démons. Ses relations avec Morgane

étaient compliquées par leurs similarités. Ils partageaient des façons de penser, en plus de l'addiction et de la sobriété. J'ai trouvé un mot qu'elle avait écrit pendant son adolescence : " Cher Papa, il n'y a personne que j'aimerais autant avoir comme père que toi. "

Mes défauts apparaissent clairement dans les notes que le thérapeute a écrites pendant une séance où Nicolas et Morgane était seuls avec lui.

> *Nicolas dit d'une voix douce, à peine audible, qu'il a un lien très fort avec son père, partageant de nombreuses activités comme le ski, le vélo, et les conversations. Nicolas décrit sa colère comme étant avant tout dirigée contre sa mère, qui, dit-il, n'écoute pas, est souvent préoccupée et a tendance à se répéter encore et encore, même après que Nicolas lui a répondu.*

Le même jour.

> *Morgane a déclaré qu'elle devait sans arrêt rejeter les tentatives de sa mère de la prendre en charge affectivement parce qu'elle devait préserver sa perception d'elle-même, en réponse à l'attitude intrusive de sa mère.*

Lire ceci m'a rappelé que j'avais du mal à évaluer quand mes questions et mes conseils allaient trop loin. La lecture des notes a aussi ravivé une prise de conscience douloureuse des nombreuses façons dont on peut blesser des enfants et dont j'avais blessé les miens. En ignorant l'angoisse de Morgane, par exemple, ou en n'écoutant pas Nicolas quand il se sentait seul.

Le thérapeute, un autre jour, a écrit ce qui suit.

> *Morgane m'a raconté un rêve d'enfance où elle est à l'hôpital, on est en train de l'opérer et elle est sous anesthésie. Dans son rêve toute sa famille vient à son secours et finit par se noyer dans les sables mouvants.*

Ce n'était pas de la faute de Morgane mais, à ce moment-là, il semblait que notre famille était souvent le point de se noyer dans les sables mouvants du désarroi et du désespoir. Nous allions avoir besoin de toute notre énergie pour résister à ce danger.

Alors, quand elle est sortie de l'hôpital au bout de quatre semaines, chacun de nous a fait ce qu'on nous avait recommandé. Elle vivait chez nous, prenait ses médicaments, et Michael la conduisait aux rendez-vous avec une psychiatre locale ou au laboratoire pour vérifier son taux de lithium.

Les repas à la maison étaient calmes. Le soir Morgane lisait *Les Brumes d'Avalon* près du feu dans le salon, assise en tailleur sur le canapé, caressant le chat allongé contre elle. Maia appelait régulièrement de New York pour prendre de ses nouvelles. Nicolas allait au lycée et rendait ses devoirs à temps, il baissait le volume de sa musique de Metallica, et emmenait la chienne courir dehors sans qu'on lui rappelle. Nous avons tous travaillé en équipe, adoucis par le chagrin, nos points de désaccord atténués par notre souci commun.

Je suis retournée à mon cabinet, où les choses fonctionnaient bien grâce à l'efficacité de ma secrétaire dont la douceur rassurait les patients. Ayant pratiqué la médecine depuis vingt ans, j'avais acquis de l'expérience.

Mes collègues, après m'avoir remplacée quand j'allais

voir Morgane à l'hôpital, m'ont apporté un soutien merveilleux.

Un soir Nicolas est rentré à la maison avec la chienne, pour dire bonsoir. Un mélange de berger australien et de colley, elle avait des poils longs, très doux au toucher, et des yeux surlignés de noir, la raison pour laquelle nous l'avions nommée Kohl. Elle a fixé les yeux sur les enfants avec adoration et leur a léché le visage. Morgane a souri comme elle le faisait rarement en la caressant. Puis elle a regardé sa paume d'un air rêveur. " Je n'arrive pas à y croire. Elle était assez petite pour tenir dans ma main quand je l'ai amenée à la maison. "

Désirant prolonger ce moment de bonne humeur, j'ai demandé : " Vous vous souvenez des chevaux ? " Je n'ai pas eu besoin d'en dire plus pour que nous éclations de rire tous les trois. L'année précédente, nous étions allés au bord de la mer avec Kohl. Comme nous étions seuls sur la plage, j'ai détaché sa laisse pour la laisser courir, mais un groupe de personnes à cheval est arrivé au galop sur la plage et Kohl, répondant à son atavisme de chien de berger, s'est mise à tourner en rond autour du groupe en aboyant avec enthousiasme. Elle a resserré les cercles à chaque tour, jusqu'à ce que le groupe soit coincé dans un espace minuscule.

Les chevaux avaient l'air terrifiés et, essayant de ne pas perdre la chienne de vue, ils se cognaient des croupes et des têtes. Les cavaliers, qui avaient payé cher pour faire un tour sur la plage, criaient : " Retenez votre chien. " L'un a hurlé, en montrant du doigt un panneau que j'avais vu et décidé d'ignorer, " Vous devez le garder en laisse. "

Je leur ai crié des excuses et ai lancé des ordres à Kohl. Les enfants et moi avons couru, nous aussi en rond, jusqu'à ce que Nicolas finisse par l'attraper. Les chevaux se sont sauvés et nous sommes tombés en tas — la chienne, les enfants et moi — à bout de souffle et riant aux éclats.

CHAPITRE 9

Les Montagnes Russes

À partir de novembre 1991, Morgane, Nicolas, Michael et moi sommes allés une fois par semaine pour des séances de thérapie familiale, à une heure de route de chez nous. Nous parlions peu dans la voiture, et la tension de ma journée de travail se dissipait. La petite route longeait une rivière, et passait devant des fermes mennonites où des petites filles en longues robes faisaient de la balançoire. Le joli paysage changeait de couleur de semaine en semaine.

Le thérapeute nous avait été recommandé par la psychiatre de l'hôpital. Il nous recevait dans sa maison, cachée par des grands rhododendrons. Originaire d'Inde, il s'était présenté la première fois en prononçant un nom multi syllabique que j'ai oublié. C'était un petit homme âgé, au crâne chauve sombre et poli comme du bois ciré, et la maison sentait le cèdre. Quand nous arrivions, il serrait la main de chacun de nous en disant des mots de bienvenue d'une voix douce ; sa main était petite et sèche comme de la soie, avec une paume charnue.

La salle de consultation était faiblement éclairée par une lampe avec un abat-jour de soie. Il y avait des chaises en bois, des coussins de couleur vive décorés de paillettes sur un canapé, et une statue de la déesse hindoue de la compassion sur une étagère de la bibliothèque.

Il a commencé la première séance en résumant ce qu'il savait des problèmes de Morgane et de son séjour à l'hôpital, puis il nous a posé des questions avec grande gentillesse. Tant de temps a passé que je ne peux qu'imaginer ce que nous avons dit, les uns et les autres, mais je me souviens clairement que sa voix douce avait une force tranquille et que ses yeux brillaient d'une intelligence qui m'inspirait confiance. J'avais espéré trouver chez un thérapeute ces qualités de bienveillance et d'intelligence, pour stabiliser notre cercle familial à un moment où il vacillait comme une roue voilée.

Au cours des séances suivantes, chacun de nous hésitait à parler le premier, alors il a pris l'habitude de nous demander de décrire la semaine précédente. Je ne crois pas qu'il y ait eu des révélations fracassantes ou des découvertes remarquables dans cette pièce, mais son calme et ses paroles attentives nous apaisaient.

Une citation du journaliste H.L. Mencken me vient à l'esprit. " Ayant pénétré tant de secrets, nous cessons de croire à l'inconnaissable. Mais il est pourtant là, se léchant tranquillement les babines. " Pourquoi notre fille voulait-elle mourir ?

Je n'avais pas d'explication alors je me suis tournée vers l'expert en drames familiaux avec la déesse de la compassion sur son étagère, qui engageait chacun de nous avec des questions toutes simples. Convaincue qu'il comprendrait, je lui ai parlé de ma confusion concernant les années récentes où tout semblait aller bien alors que Morgane s'effondrait en secret.

J'ai oublié ses paroles exactes mais je me souviens du rythme de ses phrases quand il nous encourageait à parler de la peur, de la mort et du désespoir. J'entends la voix de

Morgane, voilée de larmes qu'elle avait du mal à retenir. " Je ne sais pas pourquoi. Je sais seulement que je veux mourir. C'est tellement fort. Je suis fatiguée de résister. " J'entends Michael, sa voix se brisant comme celle d'un enfant. " J'ai tellement peur. Je ne sais pas quoi faire. " Et Nicolas. " Je ne veux pas que quelque chose de mal arrive. " Je me souviens des larmes chaudes sur mes joues.

Vers la fin de la séance, alors que l'obscurité de la soirée hivernale nous isolait du monde, faisant de la petite pièce un havre de paix, le thérapeute soulignait de nouveau l'amour qui nous réunissait dans cette pièce, sans armes ni boucliers. Et je pouvais voir la tension des épaules de Michael se relâcher, les yeux de Morgane briller un peu plus, et un sourire éclairer le visage de Nicolas. Mon cœur s'allégeait.

Mais personne ne pouvait deviner les changements que l'avenir apporterait. Pendant plusieurs mois Morgane a continué à vivre au ralenti, accablée par la tristesse, ayant peu d'espoir et encore moins de désir pour un futur qu'elle ne pouvait pas imaginer. Elle était souvent couchée quand on l'appelait pour diner et elle regardait la nourriture comme si on avait mis un poisson pourri dans son assiette. Elle ne téléphonait pas à ses amis et j'avais oublié le timbre de son rire.

Les médicaments n'avaient que peu d'effet sur ses symptômes. Elle avait besoin de doses élevées, ce qui causait des effets secondaires. Là encore elle ressemblait à son père, dont les dépressions étaient difficiles à traiter.

Pourtant, peu à peu, elle a commencé à aller mieux. Quand elle est retournée à l'université au mois de janvier 1992, nous avons dû arrêter les séances de thérapie familiale parce que c'était trop difficile de trouver des horaires compatibles pour tout le monde. Morgane s'est d'abord inscrite à quelques cours, un peu plus au trimestre suivant et elle a complété un trimestre complet de chimie en six semaines pendant la session d'été.

 Petit à petit, elle a retrouvé son gout pour la nourriture, le jazz et la danse, les amis et le rire. Au printemps, elle avait de nouveau les cheveux brillants et la peau lisse. Nous lui avons acheté une voiture d'occasion, une Geo Metro Susuki bleue, et elle partait vers les sources chaudes des montagnes ou les plages venteuses du Pacifique, avec la chienne assise à la place du passager avant, sa tête posée sur la fenêtre ouverte et sa langue tanguant dans le vent.

Grâce à ce changement, Michael et moi n'étions pas inquiets de la laisser seule. Nous avons emmené Nicolas à New York en mai 1992, pour la cérémonie de remise du diplôme de fin d'études de Maia à l'université de New York.

 Il y avait une foule à Washington Square, au centre de New York University, pour applaudir les diplômés. Les étudiants, dont les toges de cérémonie brillantes flottaient dans la brise, parlaient joyeusement et leurs voix animées couvraient les discours des professeurs. Je pouvais à peine apercevoir Maia quand elle est montée sur l'estrade pour recevoir son diplôme.

 Michael et moi étions heureux de retrouver le tourbillon de Manhattan pendant une semaine. Nous sommes allés voir des films étrangers et des nouvelles pièces de théâtre. Je savourais l'énergie de la foule, avide d'entendre la cadence rapide des voix des new-yorkais, et leurs conversations intenses dans le café proche de notre hôtel. J'ai emmené Nicolas au Metropolitan Museum pour lui montrer une de mes expositions favorites, des anciennes figurines en argile décrivant la vie quotidienne en Égypte au temps des pharaons.

Maia est restée à New York pour commencer sa carrière d'acteur de théâtre, et elle a invité Morgane et Chris à venir chez elle pendant les vacances d'été. Ils y ont passé une semaine ensemble au mois d'août, les sœurs bien décidées à être bonnes amies maintenant qu'elles étaient adultes.

Le 7 novembre 1992, un an après avoir vu Morgane aux portes de la mort, j'ai mis une nappe blanche sur la table de la salle à manger. Nicolas m'a aidée à mettre le couvert, avec des verres en cristal et un candélabre au milieu pour célébrer les dix-huit ans de Morgane. Quand elle est arrivée avec Chris, elle a fait miroiter d'un geste théâtral la bague en or qu'il venait de lui donner. Timide et fier à la fois, Chris a expliqué qu'il l'avait dessinée lui-même et Morgane l'a retirée pour que chacun de nous puisse l'admirer de près.

Je ne sais plus ce que Michael avait préparé mais ce devait être quelque chose que Morgane aimait particulièrement, comme des gambas grillées et un gâteau au chocolat. Après avoir écouté la chanson d'anniversaire et soufflé les bougies, elle a jeté la tête en arrière et ri. " C'est *vraiment* un joyeux anniversaire. Je n'aurais jamais cru que ça puisse arriver. "

Elle avait emménagé à la rentrée de septembre dans un studio proche de l'université. Une photo la montre ouvrant la porte le jour où elle s'y est installée, radieuse, ses bras nus brillant dans le soleil. Elle ressemble à n'importe quelle jeune femme au seuil de sa vie d'adulte, heureuse de commencer cette vie. Impressionnée par sa capacité à rebondir, je me suis permis d'être aussi optimiste qu'elle semblait l'être.

Peu avant d'écrire ce mémoire, j'ai retrouvé une cassette audio que Morgane avait enregistrée pendant un entretien qu'elle avait demandé à un psychologue, un de nos amis de longue date du temps où nous vivions à Topeka. Il habitait à Portland et était, par hasard, le superviseur du psychologue qui avait testé Morgane pendant son hospitalisation l'année précédente. Elle voulait qu'il lui explique les résultats.

En écoutant la cassette, j'ai été frappée d'abord par le ton de sa voix, à quel point elle semblait stable, réfléchie et organisée. Par ailleurs, j'ai eu grand plaisir à entendre sa voix, un peu voilée mais d'une sonorité riche.

Au début elle parlait d'une façon impersonnelle et clinique, comme si elle était étudiante et lui son professeur, commentant le cas de quelqu'un d'autre. Elle lisait les phrases du rapport qu'elle souhaitait clarifier, et réagissait avec des hum-hum à ses explications détaillées. Elle est devenue plus animée quand elle a posé des questions sur des moments où elle avait manifesté un trouble de la pensée.

Ce qui suit est une transcription de leurs échanges.

Elle a demandé : " Est-ce que cette condition est permanente ou est-ce qu'elle peut changer ? " et, plus tard, " D'où vient cette pensée dysfonctionnelle ? "

Le psychologue lui a dit que l'altération de la pensée est liée à l'intensité des émotions. Ensuite, il a expliqué comment des modes de pensée basés sur une vision du monde extrêmement personnelle se développent tôt dans la vie.

" Je suppose que cela remonte aux années de votre enfance. Vous avez dit dans certains tests que les autres peuvent faire mal au lieu d'aider. Ce qui mènerait à l'isolement, où vous vous en tenez à votre propre opinion, et restez dans votre coin, là où vous pouvez trouver une explication toute seule. Ce qui n'est pas sans danger. "

Elle a ri de bon cœur. " On peut trouver une explication à tout ce qu'on veut. "

Lui aussi a ri. " Mais vous n'avez plus d'ancrage. C'est le prix. "

" Un prix énorme. Cela me semble logique, l'isolement mental. "

Quelques minutes plus tard elle a remarqué : " Je suis surprise par le commentaire sur mon image de moi-même comme ayant été blessée et attaquée. "

Mais je n'ai pas été surprise quand j'ai entendu ça, et des images me sont revenues. Morgane, toute petite, emmenée de nombreuses fois sur une civière jusqu'à une salle d'opération pour être anesthésiée puis opérée, soumise à la douleur physique et à l'incompréhensible perte de conscience, entre les mains de médecins qui disaient lui vouloir du bien, tandis que ses parents étaient présents sans intervenir. Quelle explication aurait-elle pu trouver à deux ans, la première fois qu'elle a été opérée pour enlever ses amygdales, ou même à huit ans quand elle a eu la dernière opération pour les cataractes ?

À dix-huit ans, dans le bureau du psy, elle voulait comprendre. Elle a continué à lire le rapport, s'arrêtant pour poser des questions. " Je suis intriguée par cette phrase : le contraste intéressant entre faible et passive, et jouant activement à des jeux dangereux. "

Le psychologue a répondu : " Lorsque quelqu'un se sent persécuté et pense que le monde n'est pas un endroit fiable, il y a plusieurs réactions possibles, la plus commune étant de se détourner. C'est un peu ce que vous faites. La seconde, c'est de se méfier et d'attaquer. Il y a peu d'évidence pour cela. Vous présentez une troisième possibilité qui est intrigante. Comme si vous pouviez jouer à la limite du danger. Un peu comme quelqu'un qui sait parfaitement que les armes à feu sont dangereuses et ne souhaite pas particulièrement mourir, mais trouve excitant de jouer à la roulette russe. Vous choisissez d'être là, active… "

Morgane l'a interrompu. " Un défi, " dit-elle à voix basse.

" Non seulement vous ne vous détournez pas mais vous vous poussez là où c'est plus dangereux, et vous sautez au lieu de partir en courant. Du genre Vous allez voir ce que vous allez voir ! "

Elle a éclaté de rire. " Oui. Je saute de la poêle dans le feu, *exprès*. "

" Ce qui laisse tous ceux qui vous entourent se dire Oh – Oh. "

Elle a ajouté, plus calmement : " Oui, j'ai certainement fait pas mal de choses comme ça. " Et, après un long silence, " OK. "

Le psychologue a conclu l'entretien en disant : " La solution est de trouver des personnes en qui vous avez suffisamment confiance pour vérifier votre expérience dans votre thérapie. "

" Oui, " a répondu Morgane doucement.

Je me suis demandé, quand j'ai écouté la cassette, si son ton de voix était quelque peu dubitatif, mais peut-être que j'interprète trop parce que je sais ce qui allait arriver ensuite.

Les montagnes russes étaient aussi le domaine de Maia à ce moment-là. À New York, au début de l'année 1993, elle rentrait chez elle un soir avec une amie. Elles traversaient la rue quand une voiture a pris un virage à toute vitesse, glissé sur une plaque de verglas et l'a renversée. Sa tête a percuté le pare-brise avec assez de force pour le fêler, et elle a été projetée sur le sol glacé.

Le conducteur s'est arrêté le temps de vérifier qu'elle était vivante et de dire à son amie qu'il n'avait pas d'assurance, puis il est parti. Cette amie était trop bouleversée pour insister qu'il lui donne son nom, ou noter le numéro de plaque minéralogique de sa voiture.

Maia était complètement sonnée et elle m'a dit plus tard que, si elle avait été seule, elle est sûre qu'elle serait restée étendue dans le caniveau gelé et qu'elle serait morte de froid. " On était dans un quartier où les gens ont l'habitude d'enjamber les ivrognes et les drogués. Personne ne se serait arrêté pour moi, ou pas avant le lendemain matin quand il aurait été trop tard. "

Son amie l'a emmenée aux urgences en taxi. Maia a détesté la longue attente, voulant seulement rentrer chez elle et dormir. Un examen rapide par un urgentiste harassé a montré des ecchymoses importantes là où son dos avait heurté le trottoir, mais pas de fractures sur les radios. Elle parlait de façon cohérente, pouvait dire la date exacte et le nom du président, de sorte qu'elle est sortie de l'hôpital sans qu'on lui donne de rendez-vous de suivi.

Michael et moi avons sauté dans un avion pour aller à New York dès que nous avons appris ce qui était arrivé. Maia était convaincue qu'elle irait mieux très vite et qu'elle avait juste besoin d'un peu de repos dans un endroit calme, loin de la ville. Alors nous l'avons emmenée au soleil sur l'île des Caraïbes la plus proche. L'hôtel était au bord d'une baie paisible, aux eaux couleur turquoise. L'eau peu profonde, chaude et claire, semblait parfaite mais, non seulement Maia ne pouvait pas nager, elle ne pouvait même pas faire la planche car le plus petit mouvement nécessaire pour se maintenir en équilibre provoquait des spasmes douloureux tout le long de sa colonne vertébrale.

Elle a insisté pour retourner dans son appartement après quelques jours, et a refusé que nous l'emmenions chez un médecin. Elle voulait reprendre sa vie d'artiste à New York, alors elle ne nous a pas dit que son dos était constamment douloureux et qu'elle ne pouvait pas se concentrer. Après plusieurs semaines, elle ne pouvait toujours pas porter un petit sac de provisions jusqu'au premier étage où elle habitait seule, et elle n'avait pas les idées assez claires pour travailler, alors elle est rentrée à Eugene.

Comme elle avait eu des problèmes avec son père et moi pendant son adolescence, elle était inquiète de vivre à la maison mais, à ce stade, nous étions tous résolus à repartir sur de nouvelles bases. Pendant les trois mois qui ont suivi, il est devenu évident que sa guérison prendrait du temps et, le cœur lourd, elle a rompu le bail de l'appartement de New York. Nous lui avons trouvé une voiture et elle a loué un studio dans un quartier où habitaient plusieurs amis de longue date. Peu après, elle a rencontré Maxwell, un grand jeune homme aux cheveux roux, affectueux, qui faisait des études de maîtrise en photographie à l'université d'Oregon, et ils ont loué une maison dans le même quartier.

Elle a travaillé avec une physiothérapeute pour traiter l'inflammation chronique de son dos. Les conséquences réelles d'un traumatisme crânien fermé ne se révèlent que progressivement ; elle avait des pertes de mémoire et des périodes de confusion. Convaincue qu'apprendre de nouveaux rôles serait le meilleur traitement pour ses troubles cognitifs, elle a commencé à travailler avec son ancien professeur de théâtre du lycée, qui avait ouvert un petit théâtre au centre de Eugene. Elle l'aimait beaucoup et il avait toujours apprécié son talent. Elle a aussi joué dans plusieurs théâtres locaux.

Sa convalescence allait prendre des années mais elle y est arrivée.

En 1993, avant la session d'été de Morgane à l'université, nous avons fait un voyage en famille, tous les cinq ensemble pour la première fois depuis des années. Maia avait quatre ans de plus que Morgane, sept ans de plus que Nicolas, et ils étaient très jeunes quand elle était partie pour New York. Ils étaient contents de passer du temps ensemble tous les trois.

Depuis la mort de ma mère en 1986, nous n'étions plus aussi motivés pour aller en France tous les deux ans, et ce que j'avais hérité de mes parents nous a permis de prendre des vacances dans des pays lointains. Michael et moi avions visité Bali avec des amis et rêvions de retourner en Indonésie.

Morgane voulait voir les dragons de Komodo, des lézards géants qui vivent exclusivement sur une petite ile de l'archipel, alors nous avons fait des réservations. Comme le dos de Maia continuait à la faire souffrir, elle est restée dans un hôtel à Bali pendant que le reste de la tribu est allé d'ile en ile jusqu'à Komodo, prenant des bus locaux chargés de monde et des ferries bruyants.

Nous avons commencé par quelques jours sur un ilot corallien minuscule. Nous dormions dans des huttes couvertes de chaume, sans électricité, passant des heures à nager au milieu de poissons de toutes les couleurs. Le soir, j'entendais les enfants rire dans la hutte voisine de la nôtre. La simplicité de l'endroit a naturellement resserré notre cercle familial. Nous rapportions dans notre hutte des brochettes de poulet avec de la sauce à la cacahuète et des fruits, et mettions de la crème solaire sur le dos des autres. Entourés de soleil, d'eau et de beauté, nous étions heureux.

Pendant tout le voyage, le bonheur tranquille et la courtoisie souriante des Indonésiens ont été délicieux. Je n'avais appris que quelques mots d'indonésien, juste assez pour échanger quelques plaisanteries et déclencher des cascades de rires chez les femmes au marché. J'adorais la façon dont elles s'approchaient tout près de moi, me prenant la main et me regardant affectueusement droit dans les yeux. Elles caressaient la joue de Morgane en roucoulant pour montrer leur appréciation de sa jeunesse et de sa beauté. Au début Nicolas était dérouté lorsque de jeunes hommes lui prenaient la main et marchaient à côté de lui, mais il s'est vite habitué à la douceur de ces gestes de bienvenue.

Quand nous sommes arrivés sur l'ile de Komodo, Morgane a écouté, fascinée, la conférence donnée par un employé de la réserve. Il nous a dit que les adultes mangeaient leurs petits s'ils le pouvaient, de sorte que les plus jeunes recherchaient la protection relative du petit village bâti pour les guides et les touristes. Ceux-ci étaient logés dans des huttes sur pilotis, accessibles par une échelle de bois.

Les histoires de la cruauté de la vie sauvage passionnaient Morgane, parce qu'elles s'accordaient avec l'image qu'elle se faisait des lois de la nature. La nuit, nous avons entendu des dragons se battre avec des cris perçants sous notre hutte, ainsi que les grognements de sangliers sauvages qui m'ont rappelé les chasses avec mon père dans mon village natal.

Nous sommes partis tôt le lendemain, suivant des guides jusqu'à un enclos, en haut d'une falaise qui dominait une clairière sablonneuse. On entendait les dragons bouger dans des buissons. Un jeune homme nous a expliqué qu'ils seraient nourris dans la clairière, et qu'ils mangeraient la chèvre qu'on avait attachée à une corde avant notre arrivée. Il nous a dit de ne pas bouger quand un autre jeune homme a trainé la chèvre bêlante derrière un paravent de bambou. Mais Morgane l'a suivi en silence, et l'a regardé trancher la gorge de la chèvre avec dextérité avant de trainer la carcasse au bord de la falaise et la lancer en bas.

Elle avait à peine atteint le sol que les dragons ont surgi de toutes les directions pour déchiqueter la chair sanglante, balayant le sol avec leurs pattes avant pour attraper la carcasse et se battant entre eux avec de violents mouvements des mâchoires et du cou. Ils étaient encore plus impressionnants que ce à quoi je m'attendais, trois mètres de long avec des pattes courtes puissantes, d'énormes griffes, et une longue queue massive qui trainait dans le sable. Ils se déplaçaient à une incroyable vitesse pour leur centaine de kilos.

La plupart des touristes hésitaient entre se pencher pour regarder et détourner les yeux, certains gémissant. Mais Morgane est restée immobile au bord de l'escarpement, se concentrant sur le spectacle et les sons avec un visage figé. Elle n'a pas dit un mot sur le chemin du retour mais, dès que nous sommes arrivés à la salle de réunion de la réserve, elle a demandé du papier. L'après-midi, sur la table de bois bancale de notre hutte, elle a couvert trois grandes pages d'une écriture serrée, que j'ai retrouvées plus tard dans son journal. Elle avait écrit du point de vue de la chèvre, décrivant en détails ce qu'on ressent quand on meurt.

J'avais remarqué son intensité le matin et je lui ai demandé à quoi elle avait pensé. " C'était intéressant, rien de plus, " dit-elle d'un ton détaché. Elle a haussé les épaules et plié les pages avant de les ranger. Mais, plus tard, elle m'a confié que l'expérience était restée ancrée en elle. Elle pouvait s'identifier totalement à la chèvre, ressentir sa douleur physique mais pas de peur. La mort était son destin, c'était ce qui devait arriver. Me souvenant qu'elle avait dit la même chose après avoir essayé de se pendre, j'ai frémi.

CHAPITRE 10

À la Dérive

Morgane a commencé des cours de préparation aux études de médecine pendant l'été 1993. Elle paraissait forte, en bonne santé et ambitieuse, mais il restait des traces de sa fragilité.

Elle m'avait appelée une semaine plus tôt pour me dire, d'une voix enfantine, qu'elle avait très mal au ventre. Quand je suis arrivée à son studio, elle était pliée en deux de douleur et un examen rapide a suffi pour diagnostiquer une appendicite, alors nous sommes allées aux urgences. Dans la salle d'attente, elle a gardé la main pressée sur le ventre.

J'aurais été incapable de calculer le nombre d'heures que nous avions passées ensemble dans des salles d'attente, plusieurs centaines. Elle disait que ça l'aidait quand je lui expliquais ce qui se passait dans son corps, et ça m'aidait de me sentir utile. Comme d'habitude, nous avons bavardé en nous tenant la main. Elle a regardé les autres personnes dans la salle d'attente et inventé des histoires à leur sujet. " Regarde ce type, il a l'air tellement nerveux, il vient surement tout droit d'un labo de meth. "

Les choses ont pris un tour plus sérieux dans la salle d'examen. Une infirmière a demandé à Morgane d'enfiler une robe d'hôpital et de s'allonger sur la table d'examen, en attendant le médecin. Morgane s'est levée tout à coup et a commencé arpenter la salle en serrant la robe d'hôpital autour de sa taille.

Son visage avait perdu toute couleur et elle respirait vite, marmonnant " l'odeur ". Elle m'a repoussée quand j'ai essayé de la toucher.

" Qu'est-ce qui se passe ? "

" Je ne sais pas, Maman. J'ai peur. " Elle regardait autour d'elle, comme pour chercher d'où venait le danger. Elle a répété " Je ne sais pas " en secouant la tête.

J'ai murmuré : " Tout va bien, tout va bien se passer. " Puis je l'ai prise dans mes bras. J'ai senti les battements de son cœur tant il battait fort et, sur ma joue, la sueur qui baignait son front. Puis sa tension a disparu et elle s'est assise sur un tabouret.

Elle a montré les flacons remplis d'alcool où des instruments en métal étaient rangés. " C'est cette odeur. Comme quand j'étais petite, avant une opération. " Elle pleurait et semblait être très loin.

J'ai dit : " C'est un flashback. Les odeurs sont puissantes, elles ramènent des souvenirs de manière très vive. " Elle m'a regardée et j'ai senti qu'elle était revenue vers moi. " Tu as eu une crise d'angoisse. "

Elle a paru surprise. " Mais je n'ai jamais eu peur des hôpitaux. J'en ai tellement l'habitude, j'y vais depuis toujours. "

" Tu avais forcément peur. Tout le monde a peur avant de se faire opérer. Je suis certaine que ton corps avait peur, mais tu l'as ignoré. Nous t'encouragions tous. Ton papa et moi, les médecins aussi. "

" Je n'avais pas l'impression d'avoir peur à ce moment-là. " Elle a cessé de parler pendant un instant, regardant autour d'elle. " Mais aujourd'hui c'était terrible. " Elle a recommencé à pleurer et respirer vite.

" Tu es plus âgée, tu en sais trop maintenant. " Je pleurais aussi, submergée par les souvenirs. " C'était horrible, toutes ces opérations quand tu étais petite. "

" C'était vraiment dur, Maman. "

Trois jours après avoir été opérée pour l'appendicite, elle est retournée à l'université. Elle a beaucoup travaillé cet été-là. Quand je la retrouvais pour déjeuner près de l'université, elle racontait ce qu'elle avait appris et la joie de la découverte la rendait rayonnante.

Elle a commencé sa troisième année d'université en automne et nous l'avons aidée à emménager dans un studio au-dessus du garage d'une maison où habitaient des amis. Elle et Chris avaient l'intention de vivre ensemble et elle nous a dit qu'elle avait hâte de passer à cette nouvelle étape d'une vie d'adulte.

Mais chaque semaine il trouvait une autre excuse pour ne pas ne pas le faire, et Morgane doutait des raisons qu'il lui donnait. Alors elle est allée chez lui et ils ont discuté pendant longtemps. Il ne voulait plus être avec elle et sortait depuis plusieurs mois avec une autre fille, une amie de Morgane. Elle a hurlé des insultes avant de partir en claquant la porte.

Elle avait honte d'avoir été aveugle à son infidélité, et évitait ses colocataires, qui étaient aussi des amis de Chris. Quand Maia laissait des messages, elle ne la rappelait pas. Comme elle ne voulait pas non plus nous en parler, elle venait rarement nous voir, prétextant que les cours l'occupaient trop. Ainsi a commencé une période de profonde isolation.

Quand elle m'a finalement révélé, des semaines plus tard, pourquoi Chris l'avait laissée, elle a ricané : " Je suis vraiment pathétique, une fille qui se décompose parce qu'un type la laisse. C'est écœurant ! "

" Tu dois te sentir seule, reviens à la maison. " Elle a refusé.

J'ai oublié la raison qu'elle a donnée pour venir chez nous tôt un dimanche matin. Michael et moi étions encore au lit, lisant le journal dans la pâle lumière du matin. Elle a annoncé, sans préambule, qu'elle avait recommencé à boire. " Un peu seulement. J'ai décidé que je pouvais maintenant boire modérément, un verre de vin au diner ou une bière. "

Je suis restée sans voix. Le fait qu'elle n'avait pas recommencé à boire ou se droguer depuis son traitement à SHARP m'avait rassurée, parce que je savais que ça aggraverait sa dépression. Elle semblait n'avoir aucune des craintes qui m'ont assaillie. Elle arpentait la chambre à grands pas, nous regardant avec arrogance.

Michael s'est levé. " Mais… "

Elle l'a interrompu : " Je sais, je suis assez souvent allée aux réunions d'AA. " Elle a levé la main pour stopper nos protestations et le geste a fait étinceler ses bagues en argent. " J'ai dit que j'abusais d'alcool et de drogues, mais j'avais treize ans. Je suis quelqu'un d'autre maintenant. J'ai été sobre et irréprochable pendant des années, je peux gérer le problème. " Elle parlait avec une conviction absolue, nous fixant d'un regard intense, et je me suis souvenue que Michael s'était servi des mêmes mots quand il avait rechuté, avec des conséquences désastreuses.

Il a dit d'une voix désespérée : " C'est faux. Si tu recommences à boire, tu risques de boire de plus en plus, et tu peux mourir. " J'ai ajouté : " L'alcool va aggraver ta dépression et on ne doit pas boire quand on prend du lithium. "

Elle a écarté nos mises en garde d'un geste de la main. " De toutes façons j'ai plus de dix-huit ans, je peux faire ce que je veux. Je voulais seulement vous le dire, pas que vous l'appreniez par hasard. " Elle a brusquement quitté la pièce et est repartie en voiture.

J'ai pensé que je devrais être reconnaissante d'être au courant et Michael a dit, faisant écho à mes pensées : " Au moins elle est honnête. On va faire attention et on verra bien. " Ses traits tirés et ses yeux inquiets reflétaient mon angoisse.

Mais elle ne pourrait pas gérer la situation et elle ne serait pas honnête. Elle est retournée dans son studio, seule avec son chagrin, honteuse que Chris lui manque, et refusant de montrer qu'elle avait tout le temps envie de pleurer.

Les cours à l'université étaient difficiles et, en plus, elle ne pouvait pas lire tous les livres et articles assignés. Même si elle ajoutait des lunettes à ses verres de contact, au bout d'une heure sa vision devenait floue, ce qui déclenchait une migraine.

À l'encontre de Morgane, Nicolas allait bien. Il était maintenant parmi les garçons les plus grands de sa classe, et allait faire du snowboard ou camper dans les forêts avec des amis plus âgés qui avaient une voiture.

Au début du mois de novembre, un groupe de ses copains est venu chez nous pour fêter son seizième anniversaire. Ils faisaient souvent du trampoline dans notre garage et Nicolas m'a dit plus tard que, ce jour-là, ils avaient chacun à tour de rôle, debout sur un snowboard, sauté sur le trampoline en faisant des cabrioles. J'aurais été horrifiée si je les avais vus.

Puis ils sont venus manger des pizzas, parlant fort entre eux. Nicolas rayonnait quand ses copains ont chanté Joyeux Anniversaire et il a soufflé les bougies sur le gâteau.

Morgane est entrée avec un cadeau peu après, et le groupe entier s'est arrêté de parler d'un seul coup. Tous les garçons l'ont regardée et c'était clair que son visage pâle et triste, sa maigreur, et ses gestes lents les effrayaient. La joie qui illuminait le visage de Nicolas s'est éteinte. Une fois de plus, les souffrances de Morgane ont éclipsé la célébration de l'anniversaire de Nicolas.

Une fois de plus, en novembre quand la lumière décline et le froid devient mordant, elle a glissé dans le désespoir. Au cours des semaines qui ont suivi, Michael ou moi sommes allés régulièrement la voir pour l'encourager, lui apporter à manger ou l'emmener au restaurant, mais pas trop souvent car elle avait décidé qu'à dix-neuf ans elle devait prendre sa vie en mains.

Nous lui avons encore demandé de revenir chez nous, parce qu'elle semblait triste de vivre seule, mais elle a refusé.

Michael aussi a eu une rechute de dépression pendant l'hiver de 1993. Environ tous les cinq ans, il était submergé par une profonde vague qui le mettait à plat pendant des mois. Pendant ses années de sobriété, il a fait tout ce qu'il était censé faire : antidépresseurs, psychothérapie, AA. Néanmoins, les épisodes dépressifs étaient sévères et le laissaient chaque fois plus frustré.

C'était la pagaille dans son bureau et il criait quand il n'arrivait pas à retrouver ses papiers ou ses clés. Son psychiatre avait prescrit un nouveau traitement qui, à mon avis, le rendait plus désorganisé. Mais il insistait que ça lui donnait seulement plus d'énergie. Je lui ai dit : " Je pense que ces médicaments ne te conviennent pas. Laisse-moi t'accompagner la prochaine fois. "

Il a hurlé : " Arrête de gérer ma vie ! Et je t'interdis de parler à mon docteur. "

Chaque commentaire ou suggestion que je pouvais faire semblait l'horripiler et nous nous disputions souvent. Alors je me suis dit ça suffit, j'abandonne, et je l'ai laissé tranquille pour éviter les frustrations.

Nicolas avait encore besoin de moi. En première au lycée international, il avait d'assez bonnes notes, prenant plaisir à m'agacer en obtenant délibérément des notes médiocres en français. Plusieurs professeurs insistaient cependant qu'il était assez doué pour avoir de meilleures notes s'il faisait tous ses devoirs, et que nous devrions le forcer.

Je savais qu'il y avait peu de chance de le forcer à faire ce qu'il ne voulait pas. Depuis l'école primaire il avait été en tête de classe pour certains profs et en grève pour d'autres, les rendant fous par son entêtement allègre. Quand les profs du lycée ont insisté, Michael m'a dit : " Occupe-t'en. Je ne veux pas me mettre en colère contre lui. "

Un jour, en fin d'après-midi, j'étais dans la cuisine et Nicolas, assis à la table devant un dossier, cherchait sans enthousiasme la liste de ses devoirs. Quand je lui ai dit : " Tu es vraiment passif-agressif ! " il a levé sur moi un visage souriant et un regard amusé. " C'est toi qui m'as appris, très bien même. On ne se met pas en colère mais on fait seulement ce qu'on a envie de faire. "

J'ai éclaté de rire. " Tu es trop malin et ça te jouera des tours. "

Le rire avait sa place dans ma vie. Avec Nicolas par exemple, ou quand je retrouvais des amies pour déjeuner ou marcher ensemble. J'ai la chance d'avoir une capacité innée à être joyeuse, sauf pendant mes périodes de dépression. Même après des mois de dépression suicidaire, je retrouvais la gaieté, et je suis reconnaissante pour ce cadeau que je n'ai pas mérité.

Morgane n'avait pas cette chance. Elle était heureuse pendant son enfance, mais ne l'était plus ; elle avait de nouveau l'air triste et malade. Évidemment, après avoir essayé de nous convaincre qu'elle ne risquait rien en buvant modérément, elle n'a pas avoué qu'elle était souvent ivre, même quand on lui demandait.

Selon un autre journal qu'elle a commencé à écrire en novembre 1993, elle prenait aussi des champignons hallucinogènes et du LSD. Elle a noté dans ce journal qu'elle en parlait seulement aux gens à qui elle achetait les drogues, ou à ceux avec qui elle buvait dans un bar, le soir quand elle n'arrivait pas à dormir. Pour autant que je sache, elle ne s'est pas confiée à ses amis.

Je l'appelais presque tous les jours et il était clair au ton sourd de sa voix qu'elle traversait une phase difficile, mais elle refusait de donner des détails et raccrochait vite. " Je vais bien, ne t'inquiète pas. " Si je lui posais des questions sur ses études, elle se plaignait : " C'est dur, Maman. Je ne peux pas lire tout ce que je devrais, j'ai tellement mal à la tête que je vois tout de travers. Je ne supporte pas la lumière du jour. "

Elle avait arrêté d'aller à ses cours fin octobre, mais nous l'a caché de peur qu'on l'oblige à rentrer à la maison. La dépression a englouti le monde extérieur, et elle a sombré dans la solitude. J'allais lui rendre visite deux ou trois fois par semaine dans le studio où elle avait espéré vivre avec

Chris. J'avais du mal à croire que c'était seulement deux mois plus tôt, tant sa vie était différente.

Un escalier raide conduisait à sa chambre, qui était maintenant décorée avec des objets qui ressemblaient à des instruments de mort et de douleur. Dans un coin il y avait une lance qu'elle avait trouvée je ne sais où, mais probablement quand elle et son premier petit ami Jason allaient camper pendant le weekend avec des membres de la Société Créative d'Anachronisme, et mettaient en scène des joutes médiévales. Elle avait attaché au mur des feuilles de papier avec des signes gothiques, qui me rappelaient les graffitis punks des allées mal famées du centre-ville, et un couteau. Ailleurs, elle avait pendu par le cou une poupée, sur laquelle elle avait peint des blessures en rouge couleur de sang.

Je lui ai dit que j'avais horreur de voir cette poupée. " Ça me donne la chair de poule chaque fois que je viens ici. Ça ne peut pas être bon pour toi de regarder ça. Décroche-la. "

Elle a ri. " Oh, Maman. N'en fais pas une montagne. J'ai ce genre de choses dans ma chambre depuis l'âge de treize ans. "

" Exactement, et j'ai toujours eu horreur de ça. "

" Écoute, j'aime toujours les livres d'horreur et je ne suis pas encore morte. "

La pièce était sous un toit en pente qui l'obligeait à se mettre à quatre pattes pour atteindre ce qu'elle rangeait le long des murs, et elle avait suspendu des draps foncés devant les deux grands velux, bloquant les jolies vues sur les collines. Son lit n'était jamais fait, des bougies et de l'encens brûlaient sur la table de nuit, et je reconnaissais la musique de Jim Morrison, dont la voie plaintive me serrait le cœur et les paroles, qui décrivaient un voyage à la limite de l'autodestruction, me faisaient peur.

Un jour, en fin d'après-midi, je l'ai trouvée dans son lit, son visage déformé par une énorme ecchymose. Elle m'a dit qu'elle était tombée et que sa joue avait cogné contre la table basse. Et qu'elle avait une terrible migraine.

Je me suis assise près d'elle, prenant son visage tuméfié entre mes mains, et lui ai demandé une fois de plus si elle prenait des drogues. Elle a juré que non, en me regardant droit dans les yeux. Je ne savais que penser, alors j'ai accepté que la dépression expliquait sa chambre en désordre et son visage ravagé.

Mais elle mentait de plus en plus. Dans son journal, elle décrivait de manière obsessionnelle sa solitude, sa soif d'amour, de tendresse et de sexe, et aussi son désespoir de ne pas les trouver. Elle notait que les hallucinogènes lui permettaient d'échapper à l'insupportable réalité pour trouver un monde de couleurs, un monde auquel elle n'avait pas à donner de sens.

Je ne savais pas quoi faire, sauf l'aimer. J'étais déchirée entre accepter la situation, et intervenir parce que son état s'aggravait manifestement. Je me sentais responsable mais, comme elle était majeure, je ne pouvais plus la conduire au labo sans son consentement pour tester la présence de drogues. Au début du mois de décembre, je l'ai trouvée au lit à 6 heures du soir, fumant une cigarette, un tas de vêtements sales par terre. Elle avait l'air encore plus abattue que la dernière fois que j'étais venue.

" Morgane, tu ne peux pas continuer comme ça. On va aller ensemble voir ton médecin. "

" Bon, d'accord, " dit-elle à voix basse, sans lever la tête.

Le lendemain elle était assise dans un fauteuil face au bureau de la psychiatre, enveloppée dans son long manteau de laine, les cheveux tombant sur ses joues creuses.

Elle est restée immobile et quasiment muette pendant presqu'une heure.

J'ai demandé à ma collègue son avis sur la réaction de Morgane aux médicaments. Quand je lui ai décrit à quel point la situation s'était détériorée, elle a paru surprise. " Je l'ai vue la semaine dernière, " dit-elle en vérifiant ses notes. " Non, il y a deux semaines, elle a annulé le rendez-vous de la semaine dernière. La dernière fois que je l'ai vue, elle m'a dit qu'elle allait bien et elle avait l'air bien. Pas heureuse, bien sûr, mais pas comme aujourd'hui. "

J'ai répondu : " Morgane est très douée pour paraître beaucoup mieux qu'elle ne l'est, au moins pendant un certain temps. Mais maintenant elle semble effondrée et ne fait pratiquement rien. Est-ce qu'elle devrait être hospitalisée ? "

Morgane a levé la tête et dit, sur un ton suppliant : " Oh ! Non ! Pas l'hôpital. "

La psychiatre lui a posé des questions précises sur son sommeil, ses activités, son humeur, son appétit, ses idées suicidaires, et elle a répondu clairement. Elle n'a pas quitté des yeux le visage de la psychiatre et semblait dire la vérité.

C'est ainsi que j'appris qu'elle avait abandonné l'école et qu'elle ne pouvait pas dormir parce qu'elle était angoissée, et était trop épuisée le matin pour se lever. " Je n'ai pas faim, alors je ne mange pas. Mais non, je ne veux pas me tuer. C'est juste que je ne sais pas quoi faire. "

Sa voix s'est brisée à ce moment-là et elle s'est mise à pleurer. Me lançant un regard désespéré, elle a répété : " Maman, je ne sais pas quoi faire. "

Le docteur a dit doucement : " Pour l'instant je ne pense pas que ce soit nécessaire d'aller à l'hôpital. " Puis, d'une voix plus sévère, " Vous ne pouvez pas rester seule. Il faut aller chez vos parents. "

Morgane a baissé la tête et s'est tue pendant que la psychiatre m'expliquait comment ajuster ses doses de lithium et d'antidépresseurs.

Morgane n'a pas pris de drogues chez nous, mais elle n'a pas non plus contacté ses amis de NA ou son sponsor. Je pense que la honte et le dégoût d'elle-même étaient trop forts pour faire face à des gens qui, pendant des années, avaient admiré sa sobriété.

Petit à petit, elle a repris du poids et recommencé à dormir au moins une moitié de la nuit. " Pas formidable, mais assez, " dit-elle. Elle allait se promener avec la chienne qui tournait autour d'elle, heureuse de la revoir, et bondissait pour lui lécher le visage. Elle riait à ces moments-là et son rire transformait le masque de souffrance que nous avions vu depuis trop longtemps.

En janvier 1994, elle a commencé à prendre des cours dans une petite université locale, et a obtenu en quelques semaines un diplôme d'infirmière auxiliaire. Elle ne parlait pas beaucoup de ses cours ni de ce qu'elle apprenait.

Elle m'a dit un jour, d'un ton sec, " Je ne serai jamais médecin, mais c'est pas grave, Maman. Je ne suis pas à la hauteur, " en levant le menton d'un air furieux, comme si elle se s'interdisait de déplorer l'anéantissement de ses rêves. " De toute façon, je veux gagner assez d'argent pour être indépendante et vivre seule. "

Elle a rapidement trouvé du travail comme infirmière à domicile et, à la fin du mois de mars, a emménagé dans un petit studio au rez-de-chaussée, près du centre-ville. Son plus grand plaisir était de conduire le scooter Honda Elite d'occasion qu'elle m'avait demandé de lui acheter. Nicolas a hérité de la Geo Metro.

Michael, qui avait objecté pour de bonnes raisons au scooter, a finalement accepté parce qu'elle a réussi le test de sécurité routière pour motos que nous avions exigé qu'elle passe avant de lui donner les clefs. Elle avait appris à slalomer entre les cônes orange sur le parcours d'entrainement et à prendre des virages à 90°, fière de sa maitrise. J'étais étonnée qu'elle ait pu passer le test de vision avant d'obtenir son permis, et elle m'a avoué plus tard qu'elle avait deviné avec aplomb ce qu'elle n'était pas certaine de bien voir.

Je me souviens de balades que nous avons faites ensemble sur les petites routes dans les collines. Je savourais la vue illimitée des champs, des montagnes et du ciel, l'air frais sur ma peau, et mon corps s'inclinant dans les virages comme si je dansais. Le même plaisir nous faisait rire quand nous nous arrêtions et enlevions nos casques.

Maintenant, je me rends compte qu'en lui offrant l'occasion de rouler sur ce scooter, je voulais corriger un peu le vide de son existence et la douleur d'avoir perdu l'avenir dont elle rêvait.

Michael l'emmenait souvent déjeuner dans un endroit où ils pouvaient discuter de leurs expériences de dépression et d'addiction. Elle et moi aussi nous retrouvions pour un déjeuner rapide les jours où elle ne travaillait pas. Je choisissais souvent un petit restaurant en face de mon bureau. Un jour, pendant que je mangeais mon sandwich, Morgane m'a dit qu'elle avait une nouvelle cliente, qu'elle allait voir quatre fois par semaine. " Elle habite loin de chez moi, et je déteste faire la route sous la pluie. " Elle a fait semblant de frissonner.

J'étais heureuse de voir combien elle pouvait être expressive quand elle retrouvait le moral. Elle décrivait, en faisant le pitre, l'un ou l'autre des personnages excentriques qui peuplaient le centre-ville. Je pensais qu'elle leur ressemblait, avec sa bague en forme de tête de mort, une minijupe sur des collants troués et des haut-talons, et sa veste d'homme en cuir épais.

Elle m'a parlé de la dame avec qui elle avait commencé à travailler. " Je l'aime beaucoup. Elle est minuscule et tellement vieille qu'elle ne peut plus faire grand-chose, mais elle a l'esprit vif. Pas comme l'autre, tu te souviens, pendant mon stage à l'école d'infirmière. "

Voyant par mon expression que je ne voyais pas de qui elle parlait, elle a ajouté en imitant la voix tremblotante d'une vielle femme : " Celle à qui j'ai demandé, vous vous appelez bien Jane ? et qui m'a tapoté la main en riant, Oh, ma pauvre petite, comment voulez-vous que je le sache ? "

" Oui, je me souviens. " Nous avons éclaté ensemble d'un rire joyeux.

Mais elle sélectionnait soigneusement quelles histoires nous raconter afin de mieux nous distraire. Elle ne parlait pas des soirs où elle allait boire dans un bar proche de son studio et rentrait chez elle en titubant. Et, à ce stade, je n'imaginais même pas qu'elle prenait des drogues.

Elle savait esquiver et ruser quand j'essayais de découvrir combien elle buvait. Elle me regardait avec une lueur de tendresse dans les yeux, à la fois affectueuse et suppliante. " Maman, tu te fais trop de souci, arrête. "

J'étais par ailleurs préoccupée car la dépression de Michael était très sérieuse cette année-là. Six mois après avoir commencé les antidépresseurs, il continuait à se sentir très mal. Il était anxieux parce qu'il ne pouvait pas faire le nécessaire pour préparer les voyages à bicyclette en France et trouver des acheteurs. Ses accès de rage et son angoisse m'accablaient.

À la fin du mois d'avril 1994, il a finalement dit : " Il faut que quelqu'un me dise ce que je dois faire, ou je vais mourir. " Nous sommes allés voir son psychiatre, qui a prescrit une série d'électrochocs. Dès le deuxième traitement la dépression s'est rapidement améliorée, mais Michael s'inquiétait beaucoup d'avoir les problèmes de mémoire qui suivent les électrochocs. Sa mémoire a fini par revenir, mais le mois de mai est resté nébuleux.

Morgane était terrifiée par la maladie de son père. Elle m'a dit avec amertume : " Toutes ces années, toi et Papa et les médecins, vous m'avez dit que j'irais mieux quand je grandirais. J'ai toujours cru à la médecine. " Elle s'est arrêtée un moment. " Et puis je regarde Papa. Ça ne va pas vraiment mieux en grandissant, n'est-ce pas ? Non, ça empire ! "

" Tu n'es pas ton père. Ce sera différent. " Mais le cœur n'y était pas.

Michael s'est bien remis. Au mois de juin il était totalement délivré de sa dépression et faisait des mots croisés pendant des heures pour stimuler sa mémoire. Morgane aussi semblait aller mieux.

Je me souviens d'une soirée à la maison. Nous étions assis à la table de la cuisine. De ma place je regardais le soleil se coucher avec des couleurs flamboyantes qui me ravissaient. Il faisait chaud et des odeurs de chèvrefeuille entraient par la porte ouverte sur le jardin. La voix de Nicolas, au timbre maintenant viril, alternait avec les joyeuses intonations de Morgane.

Elle décrivait quelqu'un qu'elle appelait le mec peintre. " Je passe tout le temps devant la bibliothèque, c'est à deux pas de chez moi. Je rentre un jour et un des types qui y travaillent s'approche de moi. Il dit qu'il est peintre et qu'il voudrait que je pose pour lui. "

Avec une moue dubitative, elle a haussé les épaules. " Je ne le connais pas, je ne lui ai jamais parlé. On dirait un vieux hippie. Enfin, pas si vieux, trente, trente-cinq ans. Je lui dis que je ne sais pas. Alors, il bat en retraite et me dit que je peux toujours y penser et lui dire plus tard. "

" Qu'est-ce que tu as fait ? " dit Nicolas, visiblement intéressé.

" Je lui ai parlé une ou deux autres fois, et il est vraiment sympa. Je suis allée chez lui, c'est pas mal ce qu'il fait. Je m'assois, c'est tout, pendant qu'il peint et on parle. Il lit beaucoup, il est bien, juste un peu bizarre. Je lui ai dit qu'il n'avait pas besoin de me payer mais il m'a invitée à diner. Il ne m'a pas fait pas de propositions, rien de ce genre. C'est plutôt marrant. "

Plus tard ce soir-là elle nous a dit qu'elle avait décidé de retourner à l'université. Est-ce qu'elle allait vraiment mieux ? Elle semblait regarder l'avenir avec enthousiasme, pas un fol enthousiasme mais avec de l'espoir. Je ne saurai jamais si c'était vrai, ou si elle essayait habilement de cacher ses angoisses, autant que le fait qu'elle se droguait, à ses parents qui avaient tellement envie de croire qu'elle allait mieux.

CHAPITRE 11

Une Double Vie

L'espoir a refleuri pendant l'été 1994. Michael se sentait particulièrement en forme. Il a consacré toute son énergie et son intelligence à préparer deux circuits cyclistes pour août et septembre. Il est redevenu un compagnon agréable, s'intéressant au monde et passionné par ses projets.

En rentrant un soir, je l'ai trouvé assis devant un bureau couvert de guides de tourisme ouverts. Les couleurs jaunes et rouges des cartes Michelin dépliées qui jonchaient le sol égayaient la pièce. Il m'a souri. " Regarde, j'ai trouvé cette petite route le long de la Loire et un hôtel à dix kilomètres de Blois. C'est la distance parfaite. " Il a tiré vers lui un livre qui montrait une photo de l'hôtel.

Je me suis penchée, la main posée légèrement sur son épaule. Les hautes fenêtres de la vieille maison donnaient sur un jardin et les murs étaient recouverts de plantes grimpantes. " Ça a l'air charmant, comme une vraie maison de famille. " Il m'a montré le menu et nous avons parlé des choix gastronomiques. Sa bonne humeur me rappelait les meilleurs moments de notre vie commune.

Je me réjouissais aussi pour Maia. Elle continuait à travailler assidûment avec une physiothérapeute et avait réintégré la communauté du théâtre.

Je la revois, seule sur scène où elle jouait une courte pièce qu'elle avait écrite, sur une jeune femme new-yorkaise, maltraitée par la police après un viol. Le corps et la voix de Maia ont d'abord exprimé une émotion contenue quand elle exposait les faits, puis atteint un point d'équilibre précis entre un cri et un gémissement, nous montrant une jeune femme à la fois forte et fragile. Regardant autour de moi, j'ai vu que je n'étais pas la seule en larmes.

Elle est apparue dans plusieurs premiers rôles cette saison-là, de Portia dans le Marchand de Venise de Shakespeare, à Blanche DuBois dans Un Tramway nommé Désir de Tennessee Williams. Son intelligence lui permettait de jouer des rôles très différents, et son aisance corporelle était impressionnante. Elle se déplaçait comme une danseuse, et se servait de la voix forte qu'elle avait héritée de son père comme d'un instrument de musique, allant de la viole au trombone.

Sa puissance dramatique atteignait les coins les plus éloignés du théâtre. Quand on a rallumé les lumières à la fin d'une performance d'Un Tramway nommé Désir, j'ai vu que ceux qui l'avaient regardée étaient touchés, leurs visages exprimant une grande variété d'émotions.

Nicolas avait fini la première au lycée et célébrait les longues journées d'été en escaladant des montagnes et campant avec ses amis. Il revenait avec des histoires où se mêlaient la faune de la forêt et les frasques de ses copains. Il était en bonne santé et joyeux.

Chaque fois que je voyais Morgane, une ou deux fois par semaine, elle aussi semblait aller bien, avec un rire facile et des gestes gracieux. Mais en fouillant mes souvenirs de cette année-là, il me revient des scènes totalement discordantes.

J'imagine un triptyque dont le panneau droit montre une jolie jeune femme en vêtements d'été, à la façon des portraits de la Renaissance dans des tons de jaune, rose et bleu pale. Sur le panneau de gauche, je vois le noir de la douleur et le rouge de l'enfer, dans une scène d'aliénation digne d'un tableau de Jérôme Bosch. Au centre, un amalgame de tous les éléments du drame que je ne connais que trop, avec la gamme complète des formes et des couleurs d'une réalité chaotique.

Morgane a avoué plus tard qu'elle menait une double vie à ce moment-là. Elle s'enivrait souvent et ramenait des hommes chez elle. Quand elle se sentait seule, elle n'allait pas voir sa meilleure amie de lycée qui habitait au coin de la rue, parce qu'elle avait trop honte de boire et de se droguer.

Un après-midi, à la fin du mois de juin, elle a rencontré par hasard en sortant de son appartement le frère de Jason. Elle ne l'avait pas vu depuis qu'elle avait rompu avec Jason. Il lui a dit qu'il y avait une maison, juste à côté, où on vendait des drogues. " Viens avec moi, je vais te montrer ce qu'il y a de mieux. " Là, il lui a doucement injecté de l'héroïne dans les veines. " Tu vas voir, tu vas adorer. "

" Il avait raison, Maman, " me dit-elle beaucoup plus tard. " C'était la première fois de ma vie que je me sentais normale, heureuse, pas déprimée. "

Elle a pourtant évité la drogue pendant un mois. Elle a même dit à sa psychiatre qu'elle avait essayé l'héroïne une fois mais qu'elle ne recommencerait jamais parce que c'était trop dangereux. Et puis, elle l'a fait quand même. Au mois d'août, elle est retournée à l'endroit où elle pouvait en acheter, pensant qu'elle pourrait injecter de l'héroïne de temps en temps pendant les vacances scolaires, et qu'elle s'arrêterait à la rentrée universitaire en septembre. Ce qui est une illusion typique.

Avec des années de recul, je ne juge plus ma fille. Ses choix m'ont mise en colère. Je l'ai traitée d'imbécile, je me suis battue avec elle, je l'ai suppliée, mais j'ai maintenant une immense compassion pour l'emprise que la souffrance intolérable avait sur tout son être. La solution qu'elle a choisie pour tenter d'effacer cette réalité insoutenable était effroyable.

Mais elle avait perdu tout espoir de trouver une autre échappatoire, et les traitements psychiatriques avaient échoué. Comme elle m'a dit plus tard : " Regardons les choses en face. Les drogues légales ne marchaient pas pour moi. Je continuais à me sentir mal tout le temps, c'était merdique. "

Plus tard, quand on a pu en parler, elle m'a donné une petite pierre, dense et lourde, brun foncé, avec des taches de rouille qui brillaient dans la lumière. Des ombres portées sur le côté long de la pierre révélaient de fines rayures parallèles très serrées. " Regarde-les de près, me dit-elle. Est-ce qu'on ne dirait pas des barreaux, comme des barreaux de prison ? La prison a rétréci et les barreaux se sont rapprochés de plus en plus. Je suis prisonnière à l'intérieur et moi aussi j'ai rétréci, j'ai été lentement écrasée. Maintenant je ne peux pas bouger, je ne peux pas sentir, je ne peux même pas voir ce qui est dehors. "

Elle a regardé la pierre, puis parlé d'une voix faible qui semblait venir de très loin. " Il faut que tu comprennes que je sais que des gens m'aiment. Ils me le disent et je les crois. Mais je ne peux pas le ressentir. Comme si ça ne pouvait pas entrer. " J'ai gardé cette pierre.

J'ai aussi de la compassion pour son père et moi, ses sœur et frère, ses psychiatres et thérapeutes, et amis de NA et AA, tous ceux qui n'ont pas pu l'atteindre. Des années plus tard, Nicolas m'a dit : " Je me souviens du jour où j'ai décidé d'arrêter de sentir mes émotions. C'est quand Morgane a essayé de se tuer la première fois, et vous avez tous perdu la tête. J'ai construit un mur de béton autour de moi. "

Au mois d'août, Morgane est allée passer une semaine à la montagne avec la famille d'Inger, son amie de longue date dont la maison avait été comme un second foyer, celle avec qui elle dansait à quatorze ans dans la rivière, et avec qui elle avait espéré s'installer après leurs études de médecine. Quand Morgane est arrivée, Inger a trouvé qu'elle avait l'air malade et qu'elle semblait confuse. Elle lui a posé des questions précises sur la drogue et la dépression, mais Morgane est restée évasive.

Le peintre pour qui elle posait a pris pendant l'été une série de photos dont il voulait se servir pour ses tableaux et qu'il m'a données plus tard. Elles montrent un vaste assortiment d'humeurs. Dans l'une, en gros plan, son sourire affiche une innocence qui serre le cœur, et elle semble très jeune. D'autres montrent une beauté dans sa maturité, qui regarde fixement par-dessus son épaule, la tête haute, les cheveux épais retenus en arrière, et l'air d'en savoir beaucoup trop sur le monde. Je reconnais cette jeune femme complexe, un jour cynique et portant sur la société des jugements sans appel, prônant l'anarchie pour forcer cette société à s'ouvrir, un autre jour l'idéaliste qui voulait soulager la souffrance des pauvres en joignant Médecins sans Frontières, et des prisonniers politiques en correspondant avec eux via Amnesty International.

Sur une des photos elle porte une légère robe d'été à fleurs et avance avec un grand sourire, comme si elle n'avait pas le moindre souci en tête. Cette image confiante et ouverte n'était déjà plus qu'un mirage.

Pendant l'été, quand j'appelais Morgane pour venir la voir, elle ne me disait pas qu'elle avait des ennuis. Elle trouvait des raisons pour annuler nos rendez-vous, elle devait travailler, elle avait rendez-vous avec des amis, etc. J'apprendrais plus tard que toutes ces raisons étaient fausses. Finalement elle a accepté de faire une balade en voiture avec Nicolas et moi à la fin du mois d'août.

Michael était déjà parti en France pour guider ses groupes de cyclistes. Nous avions décidé que je le rejoindrais après pour trois semaines, emmenant Maia pour célébrer sa meilleure santé avec notre famille française. Nous avions envisagé que je reste à la maison pour m'occuper de Morgane, mais elle nous a persuadés qu'elle serait très bien toute seule. Elle a dit qu'elle reprendrait les cours à l'université et a promis de passer à la maison pour que Nicolas ne se sente pas seul. Malgré tout, je craignais qu'elle ne retombe dans la dépression.

Nicolas et Morgane avaient longtemps aimé passer du temps ensemble et j'étais bien décidée à profiter de la fin de l'été avec eux. Morgane et moi sommes arrivées à un compromis, je pourrais venir la chercher à telle date si je promettais de ne pas arriver avant midi.

Nicolas et moi sommes arrivés à 13 heures et il est allé frapper à la porte de son appartement. Elle avait les traits du visage affaissés et semblait à peine réveillée quand elle est sortie, mais elle a souri quand elle a vu que je conduisais la voiture décapotable de Michael. J'étais contente d'avoir pensé que ce serait amusant de rouler avec la capote baissée, et nous sommes partis vers les montagnes des Cascades. Nicolas s'est assis derrière, ce qui n'était pas facile avec sa taille. Je jetais souvent des coups d'œil à Morgane assise à côté de moi. Ses cheveux flottaient autour de son visage, elle souriait, les yeux fermés, et semblait détendue, heureuse. Je lui tapotais la main de temps à autre, et elle serrait la mienne pendant un instant en échange.

Le ciel était très clair, alors j'ai eu l'idée d'aller jusqu'à une tour de détection des incendies, d'où on avait une vue magnifique sur la chaine de montagnes qui longe la côte de l'océan Pacifique, à l'ouest de notre vallée. La décapotable était trop basse pour le chemin forestier sur lequel on grimpait et le châssis de la voiture a frappé la route deux ou trois fois. Nicolas a dit : " Maman ! tu vas abimer la voiture de Papa, " et Morgane a ajouté : " Sa précieuse voiture. Il ne va pas aimer ça. "

Les critiques des enfants étaient dites avec gentillesse et m'ont fait rire. " Vous avez raison, je vais faire attention. " Et j'ai roulé lentement, savourant ce temps passé avec eux en plein air et dans la nature. J'ai plaisanté que Morgane était pâle comme un champignon et avait besoin de quitter sa cave. Le souvenir de son rire spontané me remplit de nostalgie.

Quand nous sommes arrivés près du sommet, des rhododendrons roses sauvages étaient encore en fleurs, et des sapins immenses abritaient des buissons chétifs. Nous avons marché parmi les fleurs, dans la lumière dorée qui filtrait à travers les arbres, jusqu'à la tour d'observation, tout en haut d'une crête. Une fois arrivés, nous avons grimpé jusqu'à la plateforme en bois en haut de la tour.

J'ai pivoté lentement pour regarder le ciel immense, les sommets des montagnes qui paraissaient bleues à cause de la distance, et les vallées escarpées, profondes et sombres. J'étais émerveillée par cette beauté et, me tournant vers Morgane, j'ai tendu le bras vers les merveilles qui nous entouraient, lui offrant le monde. " Regarde, chérie, comme c'est superbe. "

Elle a levé la main pour m'arrêter et a dit, d'un ton sec : " Maman, je sais que ça te rend heureuse, mais ça ne marche pas pour moi. Pour moi les montagnes ne sont que des bosses vertes. " J'oubliais trop souvent à quel point sa vision était limitée. Elle ne se plaignait pas, et je lui ai dit que j'étais désolée. Son humeur avait changé quand nous sommes redescendus de la montagne, elle semblait fatiguée. Mais quand je me rappelle cette journée, je me dis qu'elle était heureuse ce jour-là.

Et puis je suis partie, je l'ai laissée à la porte de son appartement et me suis envolée quelques jours plus tard pour la France. Je ne saurai jamais si cela aurait fait une différence si j'étais restée, mais je le regretterai toujours.

CHAPITRE 12

La Triste Réalité

Quand nous sommes rentrés à la maison au mois d'octobre, tout semblait en ordre. Nicolas était en forme et travaillait sérieusement au lycée. La maison était intacte, la messagerie du téléphone ne contenait que des messages anodins, le chat et la chienne étaient en bonne santé.

Maia a rejoint Max et nous avons invité Morgane à diner à la maison de bonne heure le lendemain. Michael est allé la chercher en voiture et, en rentrant, il s'est tout de suite mis à ouvrir le courrier dans son bureau.

J'étais en train d'émincer des légumes et mon cœur a battu plus vite quand j'ai entendu les pas de Morgane dans le couloir. Ayant hâte de l'embrasser, je me suis rincé les mains et ai marché vers elle. Je me suis arrêtée subitement quand je l'ai vue, parce qu'il était évident que quelque chose de terrible était arrivé. Elle marchait lentement, avait encore maigri, et son visage pâle avait un aspect lugubre.

Je lui ai demandé : " Morgane, dis-moi ce qui se passe. Tu as l'air malade. "

Elle a reculé, déclarant : " Je vais bien. " La dureté de son ton m'a surprise.

J'ai allumé la cuisinière et versé de l'huile dans un wok. Les légumes tombant dans l'huile chaude projetaient des gouttelettes d'eau en grésillant, le seul bruit perceptible pendant que j'essayais de rassembler mes esprits.

Nicolas est arrivé de sa chambre, ils se sont embrassés, et Morgane l'a invité à s'assoir avec elle en face de moi. Voir les enfants juchés sur un tabouret pendant que je cuisinais avait toujours été un plaisir, et j'ai interprété son geste comme un cadeau, une façon de s'excuser. Alors j'ai recommencé à parler, lui posant des questions sur les trois semaines précédentes.

Elle a fait un effort visible pour me répondre et paraitre animée, me regardant directement, mais très vite son regard a fui mon visage et elle s'est recroquevillée, les coudes sur le comptoir. Elle a répondu de mauvaise grâce à mes questions, sur un ton monotone, et a commencé à relater des évènements en phrases courtes qui n'expliquaient rien. Si bien que sa situation m'a paru à la fois embrouillée et terrifiante.

" Oui, je me suis inscrite aux cours. - Non, je n'y suis pas allée. - Je ne veux pas l'expliquer maintenant, je vous en parlerai plus tard. – Bientôt. - Non, je ne suis pas malade. Pas déprimée. - Qu'est-ce que je fais ? Pas grand-chose. Je vois des amis. "

Cela n'avait aucun sens. J'ai pensé, oh non, ça recommence. Ses projets scolaires avaient si souvent été détruits.

La buée de la poêle masquait l'expression de Morgane et une brume semblable se répandait dans ma tête. J'ai remarqué que Nicolas gardait la tête baissée, avec un air absent, un talent qu'il avait perfectionné ces dernières années. Je leur ai demandé de mettre la table pendant que je finissais de préparer le repas.

Chancelante, comme si je pouvais tomber d'un moment à l'autre, je me suis appuyée des deux mains au comptoir. Regardant la pendule sur le mur, j'ai automatiquement ajouté neuf heures pour la différence entre Eugene et Paris. Il était trois heures du matin pour mon corps, pas étonnant que j'aie la nausée, me suis-je dit, comme pour repousser mon angoisse. Mais je n'étais pas dupe.

J'ai appelé Michael et nous nous sommes mis à table. La douceur de la table en bois, la vue de la chaine de montagnes à l'ouest sur le fond d'un ciel aux reflets roses, le poids de mon verre d'eau, ces sensations familières étaient des points d'ancrage et de réconfort. Je me suis dit que ce serait peut-être un repas de famille agréable, ordinaire.

Morgane m'a demandé des nouvelles de ses cousins français, et a participé à la conversation générale. Elle a raconté des anecdotes sur les trois dernières semaines, nous distrayant avec son humour habituel, sur une balade avec la chienne dans le parc proche de la maison, sur des copains de longue date et le peintre. Elle en rajoutait, comme si elle voulait prouver qu'elle n'était pas déprimée, qu'elle s'amusait et était active. En fait, c'était une façon de dire fichez-moi la paix.

Michael et moi avons joué le jeu et raconté notre séjour en France, mais j'étais mal à l'aise. Morgane était assise en face de moi, et soudain j'ai vu ses yeux diverger l'un de l'autre, l'un restant fixé sur mon visage tandis que l'autre déviait vers le haut, puis vers le bas, comme si elle était sous anesthésie.

Je me suis levée d'un bond pour aller jusqu'à elle, parlant d'une voix étranglée. " Qu'est-ce qui se passe ? Quelle drogue as-tu prise ? "

Elle s'est levée pour me fuir, reculant vers le mur. " Rien. Je n'ai pas pris de drogue. " Elle semblait me défier et me supplier en même temps.

J'ai vu Nicolas bouger. Il la regardait, les yeux grand ouverts comme s'il était surpris. Il a rougi, puis a de nouveau baissé la tête en se ratatinant sur sa chaise, paraissant beaucoup plus petit et plus jeune.

Je n'ai pas touché Morgane mais j'ai insisté. " Je ne te crois pas. Tu es sous l'influence de drogues, ou tu es très malade. "

Elle a attrapé la lourde veste en cuir qu'elle portait tout le temps à cette époque, un uniforme de policier à moto qu'un ami lui avait donné. " Papa, tu peux me ramener chez moi, s'il te plait ? "

J'ai nettoyé la cuisine en ressassant la scène dans ma tête. Nicolas m'a aidée en silence, avec des mouvements aussi lents que les miens. Je lui étais reconnaissante de ne pas être parti se réfugier dans sa chambre.

Michael est revenu vingt minutes plus tard, claquant la porte. Il était furieux. " Elle est adulte, tu ne peux pas la traiter comme ça. Tu ne réussiras qu'à la repousser. "

J'ai accusé le coup mais refusé d'abandonner le terrain. " Je suis sûre qu'elle prend quelque chose. "

" Tu ne peux pas faire confiance aux gens ? Elle t'a dit qu'elle n'en prenait pas. "

" Tu n'as pas vu ? Ses yeux allaient dans tous les sens. Crois-moi, si ce n'est pas la drogue, il y a quelque chose qui ne va pas du tout. Ça pourrait être neurologique. Je ne peux pas faire semblant de ne pas voir ce que je vois. Je suis inquiète. "

" Alors vas à une réunion d'Al-Anon et fiche la paix aux autres. "

Nous étions en train de glisser sur un terrain dangereux. J'ai respiré profondément et, évitant de le regarder, j'ai dit : " On ne sera pas d'accord là-dessus. C'est peut-être une erreur mais je dois faire quelque chose. J'irai chez Morgane demain matin pour l'emmener au labo. "

Michael a grogné sans rien dire.

C'est alors que Nicolas a parlé. Il était resté à distance pendant notre dispute. " Elle est venue ici pendant votre absence, " dit-il lentement, comme à contrecœur. " Elle a amené un ami un jour. Je l'ai vu s'injecter quelque chose dans votre salle de bain. Il en a offert à Morgane, mais elle a dit 'Pas ici' et ils sont partis. "

Nous l'avons regardé, abasourdis. C'était manifestement difficile pour lui de rompre le contrat selon lequel on ne dénonce pas frère ou sœur aux parents. " Je crois qu'il fallait que vous le sachiez. "

Je me suis assise. Un poids terrible me clouait à la chaise et il a fallu que je m'appuie sur la table. Je me suis mise à pleurer.

Michael aussi semblait accablé. " D'accord, on ira demain. "

Le lendemain matin, nous sommes allés à l'appartement de Morgane après lui avoir téléphoné qu'on arrivait. Son scooter était garé au pied d'un escalier de deux marches qui menait au palier devant sa porte. On entrait directement dans une pièce carrée, avec un store épais devant la seule fenêtre, si bien que la pièce était obscure dès qu'on fermait la porte.

Elle était pieds nus et vêtue d'une robe quand elle nous a ouvert la porte, et elle est retournée à son lit. La seule lumière venait d'une petite lampe de chevet. Le lit, recouvert de draps de flanelle noire, occupait pratiquement toute la pièce.

Je me suis assise sur le lit, et Michael sur la seule chaise. Morgane avait l'air d'avoir sommeil et s'est appuyée contre les oreillers. Elle a fermé les yeux et a semblé avoir du mal à les ouvrir quand j'ai commencé à lui parler. " On va t'emmener au labo pour faire des analyses. " Je craignais qu'elle refuse, et comme elle était légalement adulte, on ne pouvait pas la contraindre.

Elle a protesté faiblement. " Mais non, ça va. "

Je lui ai pris la main. " Ça ne va pas. Tu as l'air malade. Ou ça vient de drogues et nous devons le savoir, ou c'est une maladie et nous devons aussi le savoir. "

J'ai regardé Michael, qui était pâle. Il s'est penché vers sa fille. " Il faut faire quelque chose, tu as besoin d'aide. "

Elle a répété " ça va " d'une voix faible.

Je lui ai dit : " Allons-y. Mets des chaussures. " J'ai ramassé sa veste qui était par terre et l'ai posée à côté d'elle. Comme elle ne bougeait pas, j'ai glissé un bras derrière ses épaules pour l'aider à s'assoir. Michael a apporté ses chaussures et les a mises sur ses pieds avec des gestes tendres. Je l'ai aidée à enfiler sa veste, et il a entouré sa taille de son bras pour l'aider à descendre les marches et marcher jusqu'à la voiture. Elle bougeait comme un automate engourdi.

Elle était suffisamment réveillée quand nous sommes arrivés au labo pour monter l'escalier sans aide et aller jusqu'à la salle de prises de sang. J'ai demandé qu'on m'appelle le plus vite possible avec les résultats, et nous l'avons ramenée à la maison pour attendre. Elle s'est allongée sur le canapé du salon et s'est immédiatement endormie.

Je ne sais plus ce que j'ai fait en attendant les résultats. J'ai probablement appelé le service qui répondait aux appels professionnels, et il est possible que je sois allée au bureau pour récupérer mon courrier et consulter mon agenda. Je me suis dit que nous avions déjà franchi des crises similaires. Morgane irait mieux, les choses s'arrangeraient.

Mais cette fois la situation était périlleuse. Les résultats qui sont arrivés du labo, environ une heure plus tard, ont montré que la concentration d'opioïdes dans le sang de Morgane était si élevée que, si elle n'y avait pas été habituée, elle serait dans le coma. Elle semblait léthargique dans son appartement, pourtant elle avait aisément grimpé l'escalier.

J'ai expliqué ça à Michael en quelques mots, et nous sommes allés au salon. Le désespoir, la peur, et la colère m'ont poussée vers elle autant que le désir de l'aider.

Je l'ai secouée doucement pour la réveiller, et elle s'est assise en se frottant les yeux. Un coup d'œil lui a suffi pour lire mon expression et elle a tourné la tête, tandis que son visage se figeait dans un masque d'indifférence. Elle est restée silencieuse, les yeux fixés par la fenêtre sur le ciel de midi. Michael était raide comme un piquet, les bras croisés devant la poitrine, comme s'il avait besoin de contenir son cœur.

Je me suis assise à l'autre bout du divan pour lui parler des résultats. " Ça veut dire que tu as pris une dose élevée d'héroïne, que tu l'as probablement injectée juste avant qu'on arrive, et que tu en prends depuis assez longtemps pour avoir acquis une tolérance. "

Elle n'a pas bougé et je n'osais pas la toucher, de peur qu'elle s'enfuie. " Tu ne peux plus mentir. Dis-nous ce qui se passe. "

Son attitude arrogante a fini par s'effacer et elle a commencé à parler. Des paroles marmonnées, de longues interruptions, quelques phrases claires, d'autres qui n'avaient aucun sens. Michael, qui était resté debout, s'est plié comme si on l'avait frappé derrière les genoux, et s'est assis par terre en face d'elle. Nous échangions des regards de temps à autre, mais nous avons surtout écouté en silence, effarés par ce que nous entendions.

Je ne me rappelle pas exactement ce qu'elle a raconté à ce moment-là, ni quelles questions nous lui avons posées. D'autres détails seraient révélés dans les jours suivants, mais l'histoire a commencé à prendre forme à ce moment précis, dans la pénombre froide du salon où personne n'a pensé à allumer la lumière ou faire un feu dans la cheminée. Elle a dit qu'elle avait pris de l'héroïne depuis le mois d'août jusqu'à maintenant, le milieu d'octobre. Elle avait essayé d'arrêter quand les cours avaient recommencé en septembre, mais elle n'avait pas pu.

C'est sans doute pour me réconforter que je me suis concentrée sur des actes médicaux. Morgane m'a laissé examiner les points d'injection sur ses bras pour vérifier qu'elle n'avait pas d'infection.

Je me sentais complètement perdue.

" Comment as-tu pu ? " a dit Michael. " Tu es allée à des groupes NA pendant des années. Tu connais les effets de l'héroïne. "

" Quand j'en prends, je me sens bien. Pas déprimée. Heureuse. Normale "

Je lui ai dit : " Mais ma chérie, c'est tellement dangereux. "

Elle m'a regardée droit dans les yeux, les traits contractés par la colère. " Écoute, Maman, je-m'en-fous. Je me sens mal tout le temps. Soyons réalistes, les médicaments ne marchent pas pour moi. "

J'ai ouvert la bouche pour rétorquer, mais me suis tue devant la triste réalité. Les années précédentes avaient montré qu'elle avait raison. Ses psychiatres avaient essayé de nouveaux traitements avec l'espoir qu'ils seraient plus efficaces que les précédents, ou modifié les dosages. La psychiatre de Portland, à la fin de l'hospitalisation de Morgane en 1991, avait confié à celle de Eugene qu'elle souffrait d'une des maladies bipolaires les plus graves qu'elle ait vues. Aucune des deux ne me l'avait dit, et je n'avais pas osé imaginer un tel avenir pour notre fille. Je les avais laissé s'occuper de son traitement afin d'agir comme une mère. J'avais peur d'être paralysée par l'idée de tout ce qui pourrait mal tourner, et j'ai fixé mon attention sur les encouragements de la psychiatre de Portland : " Nous ferons tout notre possible. Mais vous êtes sa mère. Tant qu'elle est en vie vous ne pouvez pas abandonner. "

Bouleversée par les paroles de Morgane, je me suis souvenue que, quelques mois plus tôt, à un moment où elle vivait à la maison et ne prenait pas de drogues, sa psychiatre m'avait dit pendant une séance conjointe qu'elle ne pouvait pas vraiment jauger comment le corps de Morgane assimilait le lithium et les antidépresseurs, sa biologie paraissant déréglée, imprévisible.

Maintenant dans le salon qui contenait les souvenirs de traditions familiales heureuses, l'héritage familial signifiait autre chose. Morgane m'a regardée droit dans les yeux. " C'est vraiment pénible. J'ai hérité de toi le gène maniaco-dépressif, et de Papa les réactions bizarres aux médicaments. Tu disais que les médecins trouveraient de nouveaux trucs qui marcheraient. " Son ton était amer, sa voix dure, et elle a secoué la tête. " Je n'y crois plus. C'est de pire en pire. " La colère lui durcissait le visage. Puis elle s'est allongée en nous tournant le dos, a fermé les yeux et s'est endormie très vite.

Michael et moi avons pris refuge à la table de la cuisine. La pièce semblait froide sans la chaleur de la cuisinière et les odeurs de cuisine. J'étais incapable de me rappeler quand j'avais mangé, et il me semblait que je n'aurais plus jamais faim.

Nous avons fait le tour de toutes les options possibles. Il y en avait peu à ce stade. Il fallait intervenir immédiatement pour que Morgane arrête l'héroïne. C'est seulement après qu'on pourrait arranger un plan d'action à long terme. Elle n'était pas en sécurité chez nous, elle pourrait en trouver quand elle serait en manque. Le centre de traitement local pour alcooliques et toxicomanes, avec sa politique de porte ouverte, n'étais pas sûr non plus.

Nous voulions tous les deux demander l'avis de la psychiatre de Morgane. Quand je lui ai annoncé au téléphone ce qui se passait, elle a crié " Non !! " et a posé un tas de questions. Plus tard, d'une voix plus calme, elle a énuméré les ressources locales et décidé de faire une demande auprès du tribunal pour que Morgane soit admise à l'Hôpital Psychiatrique du Comté, à côté de la prison, arguant qu'elle représentait un danger pour elle-même.

J'ai interrompu la conversation pour demander à Michael s'il était d'accord, et il a acquiescé : " Au moins, elle sera en sécurité. " J'ai remercié ma collègue, soulagée de lui avoir transféré une partie du fardeau. Nous étions tellement fatigués.

Le juge a accédé à la demande et ordonné que Morgane soit assignée à l'hôpital pendant cinq jours. Le tout avait été accompli en quelques heures, de sorte que Morgane était encore sous l'effet de la drogue, et semblait détendue quand je l'ai réveillée pour lui annoncer où nous allions l'emmener. Elle n'a opposé aucune résistance et Michael a conduit. Assise à côté d'elle sur la banquette arrière, je l'ai tenue par la main.

En sortant de la voiture j'ai vu de longs murs de briques surmontés de fil de fer barbelé, étincelant dans le soleil de l'après-midi. Nous sommes passés devant l'entrée de la prison, avec des gardes armés, et avons trouvé la porte du service de psychiatrie. Dans un petit vestibule étouffant, un papier plastifié près du téléphone attaché au mur affichait le règlement pour s'identifier, et nous avons suivi les instructions. Une porte s'est ouverte et nous sommes entrés dans un grand espace où les bruits de voix parlant fort, de portes en métal qui claquaient, de chaises qu'on trainait sur le sol, rebondissaient contre les murs. Le vacarme m'a frappée comme une onde de choc.

Le poste des infirmiers était au centre d'une longue pièce rectangulaire et il y avait des chambres individuelles tout le long de deux murs avec des portes en métal ouvertes, montrant dans chaque cellule une plateforme métallique avec un matelas. Dans la partie centrale, des patients assis regardaient la télévision, et d'autres faisaient les cent pas en fumant. Chacun semblait être dans un espace d'extrême solitude. Les murs de brique étaient peints en noir, et seule une faible lumière arrivait par des fenêtres à claire-voie placées tout en haut des murs. L'éclairage au néon créait une atmosphère lugubre.

Lorsqu'une infirmière a pris Morgane en charge pour la conduire dans une des cellules, une horrible pensée m'est venue à l'esprit, que Morgane ressemblait aux autres, avec sa maigreur, son dos tendu, et son regard fixé droit devant elle.

Michael et moi avons rencontré une assistante sociale dans son bureau pour l'informer des problèmes de Morgane. Elle a semblé comprendre que le risque de suicide s'ajoutait au besoin de désintoxication. Après cet entretien et un rapide au revoir à Morgane, Michael et moi étions d'accord que, même si l'endroit avait l'air effrayant, il était sans doute ce qu'il y avait de mieux pour elle, compte tenu du manque de centre de soins dans l'état d'Oregon pour les gens souffrant en même temps d'addiction et de maladie mentale. Néanmoins, mon cœur semblait écrasé sous une chape de glace.

J'ai peine à imaginer comment j'ai pu travailler la semaine suivante. Tous les matins j'allais au bureau en voiture en faisant très attention, parce que j'avais la tête ailleurs. J'arrivais tôt pour avoir le temps de lire les dossiers des patients, car je ne pouvais pas me fier à ma mémoire. Avant chaque rendez-vous je méditais pendant quelques minutes pour me concentrer. Je prenais des notes détaillées car je craignais d'oublier une chose que le patient m'aurait dite ou un médicament que j'aurais prescrit, et j'écrivais une liste des gens que je devais rappeler et des tâches dont je devais me souvenir.

Michael me retrouvait au bureau en fin d'après-midi et nous marchions ensemble jusqu'à la prison qui était proche. Administrativement, l'hôpital psychiatrique était séparé de la prison mais j'avais l'impression que ma fille était en prison. Pendant deux ou trois jours au début Morgane semblait faible, incapable de manger et à peine capable de se tenir debout, grelottant à cause du sevrage, renfrognée et silencieuse. Elle semblait perdue, dans une situation désespérée.

Le support de l'assistante sociale, qui nous donnait des nouvelles tous les jours, et notre conviction qu'il n'y avait pas d'alternative, nous aidaient à tenir. Le directeur de l'institution ne nous a pas adressé la parole, convaincu, a-t-il dit à une infirmière qui me l'a répété plus tard, que Morgane était une enfant gâtée par des parents trop indulgents. Et que tout ce qu'il fallait, c'était d'appliquer la règle du qui aime bien châtie bien. Il ne s'était apparemment pas donné la peine de lire le rapport de l'hospitalisation de 1991, que j'avais apporté, ni d'écouter l'assistante sociale.

C'était horrible d'aller là-bas. Pendant nos visites, Morgane ne disait presque rien à part qu'elle allait bien. Quand Maia est venue la voir, Morgane lui a dit : " Papa et Maman passent tellement de temps, et dépensent tellement d'énergie et d'argent pour me maintenir en vie. Pourquoi est-ce qu'ils n'abandonnent pas ? " Maia ne nous a pas parlé de ça sur le moment, pas plus que Morgane n'a parlé de son intention de se sauver et de se tuer.

Je ne sais que penser de ce que l'infirmière m'a dit des années plus tard : " Je me souviens de Morgane parce qu'il y avait en elle une flamme que les autres patients n'avaient pas. C'était l'intelligence, mais c'était aussi la vie, la force de la vie. " J'ai souvent vu cette flamme chez Morgane, qui venait de son cœur et son humour. Elle l'exprimait irrésistiblement par le rire, l'audace, les baisers ou la danse. Je suis pourtant étonnée qu'une personne en dehors du cercle de sa famille et ses amis ait pu le voir à ce moment-là.

Une fois passé le cap le plus difficile du sevrage, Morgane a commencé à manger et à parler à l'assistante sociale. Elle lui a dit qu'elle allait beaucoup mieux et qu'elle avait l'intention de ne plus faire de bêtises. Elle a ajouté que, contrairement à la recommandation du personnel, elle n'avait pas besoin d'aller au centre de traitement de l'addiction Serenity Lane (Serenity est le mot central d'AA et NA, et Lane le comté où se trouve Eugene). Elle a promis de voir régulièrement son sponsor, de trouver un emploi, et de remettre de l'ordre dans sa vie. Non, elle n'avait pas l'intention d'habiter à la maison, son salaire paierait le loyer de son appartement. Elle avait un plan.

Son père et moi étions assis avec elle dans un coin de la salle commune quand elle nous a présenté son plan. Elle a déployé tout son charme et un large sourire pour nous convaincre mais, que ce soit parce qu'elle était moins adroite ou nous enfin moins crédules, nous lui avons dit que son plan était follement dangereux. En colère, elle nous a plantés là.

L'assistante sociale a remarqué notre détresse et nous a invités dans son petit bureau. C'était une grande femme qui semblait en cage dans ce recoin. Elle a jeté un coup d'œil vers une plante suspendue dans un coin, comme si la verdure la réconfortait.

Michael a lancé : " Le soi-disant plan de Morgane est insensé. Elle pourrait en mourir. " Il a écarté les bras, comme pour englober toutes les horribles possibilités. L'assistante sociale a acquiescé. " Je suis certaine qu'elle ment et je trouve moi aussi que c'est un risque suicidaire. " Puis elle a poussé un soupir d'exaspération. " Mais elle est intelligente, elle connait le jargon, et elle fait une très bonne impression. Elle répondra à toutes les questions du juge comme il faut, et il ne l'assignera pas à prolonger son séjour ici. "

J'ai dû partir immédiatement, la peur aux tripes et pleine d'une rage impuissante.

Le lendemain, le dernier jour où l'ordre du juge était valide, le directeur a décidé de ne même pas chercher à obtenir une extension. Pour cela, il aurait dû démontrer que le comportement de Morgane présentait un danger immédiat pour elle-même ou pour les autres. Les lois qui protègent les libertés individuelles des patients disent très clairement que ces critères sont indispensables pour garder une personne contre sa volonté.

Cet hôpital était réservé au traitement des manifestations potentiellement mortelles d'une maladie psychiatrique. Le directeur a donc autorisé la sortie de Morgane, en lui recommandant fermement d'aller à Serenity Lane pour traiter son addiction. Il a ajouté, ce qui était vrai, que personne ne pourrait la forcer sans une décision du juge.

Michael et moi avons quitté l'hôpital avec Morgane et marché ensemble jusqu'à la voiture. Nous l'avons suppliée de venir à la maison et de recommencer à prendre ses médicaments. À bout d'arguments, Michael lui a dit qu'il ne lui donnerait pas d'argent si elle vivait seule dans son appartement, parce qu'il était certain qu'elle rechuterait.

Elle a répondu : " Vous n'avez pas besoin de subvenir à mes besoins si vous n'êtes pas d'accord. De toutes façons je ferai ce que j'ai décidé de faire. " Légalement, elle en avait le droit. Aucun argument ou supplication n'a réussi à la retenir. Michael et moi, main dans la main dans notre malheur partagé, avons regardé notre fille s'éloigner avec sa petite valise.

CHAPITRE 13

Le Tendre Assassin

À dix-neuf ans et fragile, elle se retrouvait de nouveau seule. Plus tard elle a dit à Maia qu'elle avait acheté un revolver le jour même de sa sortie de l'hôpital et qu'elle l'avait caché dans son appartement.

Elle n'a pas appelé de sponsor, mais elle a immédiatement trouvé de l'héroïne. Nous avons découvert plus tard que, n'ayant pas d'argent pour payer, elle a dit à son fournisseur mexicain qu'elle vendrait pour lui.

Elle nous appelait chaque jour pour dire qu'elle allait bien et qu'on n'avait pas besoin de venir chez elle. Mais Maia et Max, un jour où ils sont allés la voir, ont découvert que la porte n'était pas fermée à clef. Morgane était inconsciente sur son lit, sa robe maculée de boue comme si elle était tombée dans la rue. Un homme a frappé à la porte et s'est esquivé quand Max a ouvert.

Maia et Max étaient terrifiés et se demandaient s'ils devraient nous avertir. Ils ont décidé de se taire pour ne pas rompre le lien ténu qu'ils avaient encore avec Morgane. Quelques mois plus tôt, elle avait explosé de colère contre sa sœur, se plaignant pendant une longue tirade que Maia ne l'avait jamais aimée. Le lendemain, quand Maia lui a demandé d'expliquer ce qu'elle avait dit, Morgane n'avait aucun souvenir de ses accusations. Depuis, Maia avait soigneusement évité de contrarier sa sœur.

En quelques jours, la situation de Morgane a empiré car elle injectait la drogue qu'elle était censée vendre. Je me suis arrêtée chez elle un soir et l'ai trouvée en larmes. Elle a admis qu'elle était dans un état épouvantable, et m'a dit qu'elle allait mourir si elle ne s'arrêtait pas. J'ai ramassé quelques vêtements et l'ai ramenée à la maison.

Michael l'a serrée contre lui pendant que j'appelais Serenity Lane pour qu'elle y soit admise. On m'a dit que nous ne pouvions pas l'amener immédiatement, à moins de faire un chèque pour payer l'ensemble du programme de quatre semaines qui n'était pas couvert par notre assurance. J'ai répondu que j'irais à la banque le lendemain à la première heure, pour emprunter la somme nécessaire. Je ne me souviens pas d'avoir été révoltée, c'était comme ça, c'est tout.

Nous avons diné ensemble, et Michael, Nicolas et moi sommes restés à table plus longtemps que d'habitude parce que nous voulions entourer Morgane de mots et de gestes ordinaires.

Elle s'est levée pour téléphoner, marmonnant quelques mots avant de revenir s'assoir. Michael a remarqué qu'elle semblait nerveuse alors, quand elle a pris sa veste et dit qu'elle sortait fumer une cigarette, il a senti le danger et s'est précipité dehors. Il nous a expliqué pourquoi plus tard : " D'habitude elle sort derrière sur la terrasse pour fumer, pas par la porte de devant. "

Elle avait enfilé sa veste et descendait la longue voie d'accès à la route vers une voiture qui attendait. Michael a couru et l'a agrippée. Elle s'est débattue mais, quand la voiture est partie à toute vitesse, elle s'est écroulée dans ses bras, et il l'a gardée longtemps contre lui. Elle lui a dit en pleurant que l'homme dans la voiture était son dealer.

Je connaissais bien Serenity Lane, où je travaillais depuis des années comme consultante. De l'extérieur, le bâtiment ressemblait à une maison de famille, mais son caractère institutionnel était révélé par le linoléum du vestibule, le son des plateaux métalliques et les odeurs de nourriture trop cuite qui émanaient de la cafétéria.

Je suis allée au guichet de la réceptionniste, et me suis adressée à elle par son nom. " Bonjour docteur McCarthy, avec qui avez-vous rendez-vous aujourd'hui ? Votre nom n'est pas sur l'agenda. "

Mes yeux se sont remplis de larmes, des larmes où la honte et l'apitoiement sur moi-même étaient mélangés, ce qui m'a rendue encore plus honteuse. Comme si je méritais d'être épargnée parce que pendant des années j'avais combattu l'addiction. Comme si on pouvait marchander avec le sort, acheter une protection par son travail. Mais le destin est plus cruel que n'importe quelle mafia.

J'ai présenté Morgane et Michael à la réceptionniste. " Voici ma fille. Son père et moi sommes ici pour son admission. J'ai téléphoné hier soir à ce sujet. "

Imperturbable, elle a répondu : " Je vais appeler le conseiller et il vous verra dans la salle d'examen. Vous connaissez le chemin. "

Quelqu'un est venu rapidement pour emmener Morgane dans une chambre à l'étage. Michael et moi avons signé les papiers pour l'admission et été informés du règlement des lieux. Le conseiller nous a dit qu'il y aurait une réunion de tout le personnel le lendemain et, en rentrant à la maison, j'ai appelé la psychiatre de Morgane, qui a accepté de venir pour les aider à évaluer le risque de suicide.

Dans la salle de réunion le lendemain matin, tout le monde s'est assis à une longue table. En regardant de nombreux visages connus, j'ai eu une sensation de déséquilibre car j'avais en quelque sorte les pieds dans deux mondes différents. Dans l'un j'étais experte, dans l'autre je n'avais aucune certitude sur la manière dont une décision quelconque affecterait le bien-être de ma fille, peut-être sa vie.

Je suis devenue consciente du silence, qui contrastait avec les conversations à bâtons rompus qui précédaient d'habitude les réunions de personnel, et j'ai remarqué les regards baissés, les mains qui jouaient nerveusement avec des stylos. J'ai supposé que les médecins, infirmières et conseillers étaient probablement aussi mal à l'aise que moi. J'ai baissé les yeux et mis une main sur l'autre pour les empêcher de trembler.

La discussion a commencé et est rapidement devenue animée. La psychiatre de Morgane a décrit ses épisodes dépressifs, ses tentatives de suicide et rémissions. Elle a aussi expliqué les réactions de Morgane aux médicaments. J'ai alors réalisé que nous ne savions pas si elle prenait ses médicaments. Elle avait tellement menti ces derniers mois, que ça ne m'aurait pas étonnée qu'elle ait arrêté.

La psychiatre a conclu que le danger de suicide était réel, et a demandé au personnel comment ils adresseraient le problème puisque les portes de l'institution n'étaient pas fermées à clé. J'ai remarqué que Michael regardait fixement le mur en face de lui et ne semblait rien voir.

Une infirmière a expliqué que Morgane passerait les premiers jours du sevrage dans un service fermé et serait surveillée de près. Le directeur médical a ajouté qu'on vérifierait qu'elle prenne les médicaments prescrits par sa psychiatre. Ce n'est que plus tard qu'elle serait transférée dans un autre service pour un programme de psychothérapie et éducation. Personne n'a dit explicitement que Morgane pourrait partir à ce moment-là, ce qui me terrifiait.

La discussion a pivoté dans une autre direction. Un conseiller a déclaré que la dépression de Morgane ne pouvait pas être adéquatement traitée tant qu'elle choisissait une forme d'évasion dangereuse par l'héroïne, et plusieurs personnes ont acquiescé. Quelqu'un a mentionné la méthadone, ce qui a déclenché un autre débat sur les pours et les contres. Finalement, comme Morgane avait pris de l'héroïne pendant moins de trois mois, l'abstinence semblait préférable à l'introduction d'une autre substance addictive.

Le peintre nous a dit plus tard qu'il avait récemment voulu emmener Morgane à une clinique locale de méthadone. Elle était arrivée chez lui si manifestement défoncée qu'il a pu lui faire dire la vérité, mais elle s'est sauvée quand il a suggéré qu'ils aillent ensemble à la clinique. Il a quand même appelé pour prendre un rendez-vous, et on lui a dit que la liste d'attente était si longue que personne ne pourrait être vu avant deux ou trois mois.

La frustration face à ces dilemmes se lisait clairement sur de nombreux visages et beaucoup semblaient inconfortables. Michael et moi étions épuisés. Nous nous trouvions dans la même situation impossible qu'à l'hôpital psychiatrique près de la prison. Il n'y avait aucune institution en Oregon qui traitait ceux qui souffrent en même temps de maladie mentale et d'addiction, et une dizaine seulement aux États-Unis.

De retour à la maison, Michael et moi avons continué à ressasser les alternatives. Nous avons discuté de la Fondation Menninger, au Kansas, où j'avais fait mes études de psychiatrie et ensuite travaillé. C'était un endroit exceptionnel pour des patients dont les problèmes étaient complexes, qui recevaient divers traitements pendant des mois. Je savais que c'était excellent, et très cher. Sans assurance pour nous aider à payer, nous serions ruinés en un rien de temps, un choix irresponsable avec deux autres enfants.

Il fallait donc donner une chance à Serenity Lane. Les infirmières, que je connaissais bien, ont promis de veiller particulièrement sur Morgane. Plusieurs des conseillers étaient aussi des amis AA de Michael. Nous pouvions aller voir Morgane tous les jours et sa psychiatre continuerait à gérer ses médicaments.

Et peut-être qu'on aurait de la chance. La danse entre la peur et l'espoir recommençait.

Le traitement de Morgane à Serenity Lane était censé durer quatre semaines à partir du 29 octobre 1994. Nous lui avons dit que nous allions résilier le bail de son appartement et apporter ses affaires à la maison. On déciderait plus tard où elle habiterait.

J'ai un souvenir très net du samedi après-midi où j'ai nettoyé l'appartement et empilé ses affaires dans des cartons que Michael et Nicolas viendraient chercher le lendemain. Il y avait la literie, les bougies et l'encens, les cassettes de musique sur le sol près du lit, et ses bagues dans un cendrier. Dans la salle de bain j'ai trouvé des boites de médicaments datant des deux derniers mois qui n'avaient pas été ouvertes. Ce qui m'a agacée mais pas vraiment surprise.

Mais ce que j'ai découvert dans le comptoir qui servait de cuisine a déclenché une nouvelle flambée d'horreur, comme si le fait que Morgane prenne de l'héroïne avait été relégué au second plan. Près de l'évier qui ne contenait qu'une tasse sale, il y avait un tiroir plein de seringues et, au fond, des petits paquets de poudre et un carnet avec des noms et numéros de téléphone. Je suis restée figée devant ce que je devinais, respirant avec difficulté.

J'ai sursauté quand le téléphone a sonné, et il m'a fallu quelques moments de recherches frénétiques pour le trouver derrière un carton. Un homme avec un fort accent mexicain m'a dit que Morgane lui devait 450 dollars et que ça devait être payé, par moi sinon par elle. J'ai pensé qu'il avait surveillé l'appartement et m'avait vue entrer. J'ai regardé par la fenêtre mais n'ai vu personne. L'homme m'a dit où laisser une enveloppe avec l'argent, le lendemain au plus tard. Il a raccroché avant que je dise un seul mot.

J'ai vidé le contenu du tiroir dans un sac en papier et appelé Michael. Après lui avoir raconté ce qui venait d'arriver, je lui ai demandé de me retrouver au commissariat.

Une réceptionniste, qui avait l'air éreintée, a grogné : " Qu'est-ce que vous voulez ? " me donnant envie de fuir. Mais c'était ici qu'on pourrait nous donner les meilleurs conseils pour protéger Morgane.

Michael est arrivé et on nous a guidés vers un bureau tout au fond du bâtiment. Un officier en uniforme était assis devant un bureau jonché de formulaires et de dépliants, et nous a fait signe de nous assoir. Il avait l'air fatigué et semblait s'ennuyer quand j'ai commencé à raconter les évènements du matin. Il a posé quelques questions, fouillé dans le sac en papier, et feuilleté le carnet. Il a soudain eu l'air intéressé et a murmuré : " Je connais ces noms et ces numéros. Donc elle deal pour eux. Ce José est un sale type, qui fait partie du cartel mexicain. "

Nous ne savions pas encore que Morgane vendait de la drogue. J'ai demandé ce qu'ils feraient à notre fille si on ne payait pas.

Il m'a regardée comme s'il ne savait pas comment répondre. " Ça peut être n'importe quoi. " Son regard froid était éloquent, et m'a glacée.

" On n'aura pas de problème avec la police si on paie ? "

" Elle sera plus en sécurité. C'est ce que je ferais si c'était ma fille. " Il avait jusque-là parlé d'une voix monocorde, presque mécanique, mais il est devenu chaleureux. " Dites-lui de rester aussi loin que possible de ces gens. " Quand nos regards se sont croisés, j'ai pensé qu'il avait une fille.

Michael et moi sommes sortis du commissariat hantés par ce que des dealers sociopathes pourraient faire à Morgane. Pensant qu'une voiture qui était passée lentement devant chez nous la veille appartenait peut-être à l'un d'eux, nous étions terrifiés qu'ils viennent la chercher, même s'en prendre à Nicolas.

Alors nous avons décidé de payer. Nous avons sorti 450 dollars d'un distributeur automatique et les avons mis dans une enveloppe que je suis allée chercher à mon bureau qui était à côté. Je l'ai déposée à l'endroit que l'homme m'avait indiqué, sous une haie proche de l'appartement de Morgane.

Puis Michael est rentré à la maison et j'ai pris ma voiture pour aller voir Morgane à Serenity Lane.

Je suis rentrée en trombe dans sa chambre, sans même m'arrêter au poste des infirmières. Morgane était seule, en train d'écrire, et elle m'a regardée avec surprise. J'étais furieuse et la panique attisait ma colère.

" Morgane, tu as vraiment perdu la tête. Vendre de la drogue ! Est-ce tu croyais pouvoir faire des affaires avec des criminels et t'en sortir indemne ? "

Elle a automatiquement haussé les épaules, mais elle semblait terrifiée.

" A quoi pensais-tu ? "

" Je ne pensais pas. "

" Ça, c'est évident ! Des criminels comme eux se foutent de toi. Ils se servent de toi pour gagner de l'argent et c'est tout. Mais tu es tellement défoncée que tu ne peux même pas vendre leurs drogues. La seule chose que tu possèdes c'est ta jeunesse et un beau corps. Ils le prendront et le vendront. "

Elle a fait une grimace et s'est mise à pleurer.

Je me suis calmée, et me suis assise à côté d'elle en pleurant aussi. " Je ne peux pas croire que tu distribues le poison à d'autres. Qu'est-ce qui t'est arrivé ? "

" J'ai tout gâché, Maman. Je veux arrêter, je veux recommencer à être moi. "

Mais elle n'a pas pu s'arrêter, pas encore. Cinq jours plus tard, elle s'est sauvée de Serenity Lane, et personne ne savait où chercher.

Michael a appelé le policier que nous avions rencontré. " Je sais que, légalement, vous ne pouvez rien faire, aucun crime n'a été commis. Mais pourriez-vous en parler à vos collègues ? Si un policier la voit défoncée, dans une allée quelque part, qu'on nous appelle ? "

" Est-ce que je peux passer chez vous pour une photo ? "

C'était le 3 novembre, le dix-septième anniversaire de Nicolas. Nous avions invité quelques-uns de ses amis et il essayait d'être d'aussi bonne humeur que possible. Et un flic est arrivé pour parler de sa sœur !

Nicolas a juré à voix basse. " Encore un anniversaire que Morgane m'aura gâché. "

C'était vrai. Il l'adorait, mais c'était épuisant pour lui aussi, obligé d'aller à l'hôpital et à des séances de thérapie familiale, ou simplement abandonné seul avec ses propres angoisses pendant que ses parents courraient frénétiquement dans tous les sens.

Morgane était à la rue le jour de son anniversaire, le 7 novembre. Elle a appelé à la maison la veille et Nicolas a répondu. Il a arrangé de prendre un café avec elle le lendemain matin avant d'aller au lycée, et a tendu le téléphone à son père. Michael était trop en colère pour lui parler ou la voir. Il a marmonné : " Je ne vois vraiment pas ce qu'il y a à célébrer, elle est en train de bousiller sa vie, " avant de me passer le téléphone.

Morgane a accepté de me rencontrer pour déjeuner dans un restaurant proche de mon bureau. Elle était si jolie avec son teint diaphane et ses yeux bleus que j'étais bouleversée. Ses cheveux épais encadraient son visage ovale et elle se déplaçait avec grâce. Je l'ai serrée très fort contre moi en murmurant, ma petite fille, ma chérie. Elle s'est assise, et a mangé quelques cuillerées de soupe.

Comment bavarder le jour de son vingtième anniversaire avec sa fille qui est en train de se noyer ? Elle a affirmé qu'elle était en sécurité, qu'elle habitait chez des amis, et j'ai pensé, peut-être. Elle a affirmé qu'elle ne prenait pas de drogues, qu'elle n'avait besoin d'aucun traitement, et je ne l'ai pas crue. Son visage avait l'expression à la fois vacante et rusée d'un escroc.

Elle a promis de m'appeler, m'a dit de ne pas m'inquiéter parce qu'elle allait bien, puis elle s'est levée. Je l'ai regardée quitter la pièce, ouvrir la porte et partir. Je savais que tout ce qu'elle avait dit était complètement faux, et j'étais certaine qu'elle avait rechuté.

Sa psychiatre était partie en vacances, alors j'ai appelé le médecin qui la remplaçait. Il ne connaissait pas Morgane personnellement, et ne pouvait donc pas intervenir, mais nous avons parlé de ce qui pourrait être fait pour la protéger. Il a appelé le directeur du service psychiatrique où Morgane avait passé deux semaines peu avant, et lui a demandé s'il pourrait pétitionner un juge d'hospitaliser Morgane pour sa protection. Le directeur a dit que lorsqu'il avait examiné Morgane la dernière fois elle n'était pas suicidaire et, comme il ne l'avait pas vue depuis, il n'avait aucun élément à soumettre au juge. Ce qui était évidemment vrai.

Michael et moi nous retrouvions seuls, désemparés et impuissants.

Plus tard nous avons appris que Morgane était allée chez Maia ce jour-là et avait demandé de vivre avec elle et Max. Maia, en larmes, a refusé. " J'ai vu trop de camés quand j'habitais à New-York et tant que tu continueras à prendre de la drogue, tu ne pourras pas habiter chez nous. Quand tu auras fini ton traitement, peut-être, mais je ne peux pas vivre avec quelqu'un en qui je ne peux pas avoir confiance. "

A l'aube, le lendemain de son anniversaire, Morgane s'est présentée à Serenity Lane. " Je sais que je ne peux pas continuer à vivre comme ça. Cette fois c'est ma décision. J'ai besoin de reprendre mon programme. "

Michael et moi y sommes allés, pour répéter le processus d'admission.

Elle nous a dit : " J'en sais trop, je ne peux plus dénier le problème, même quand j'ai pris de l'héroïne. Donc même ça ne marche plus pour moi. "

C'est à ce moment-là qu'elle m'a donné la pierre, celle

où le poids des années avait tracé de fines rayures comme des barreaux, en me disant que l'addiction était comme ça.

Elle a assisté à chaque présentation, participé à chaque groupe. Les autres patients ont dit qu'elle était honnête et les aidait beaucoup. Mais chaque jour elle perdait du poids, de la force et de l'énergie. On aurait dit que la flamme de vie qui était en elle baissait peu à peu inexorablement.

Le personnel s'est mobilisé autour d'elle. Ils voulaient qu'elle réussisse. Les infirmières l'ont installée dans une chambre individuelle, où son lit faisait face à leur poste, et elles passaient souvent la voir avec des mots d'encouragement. Elles l'ont vue devenir de plus en plus distante.

Sa psychiatre, rentrée de vacances, a augmenté les doses d'antidépresseurs et, au cours d'une réunion du personnel, on a de nouveau discuté d'un transfert dans un autre hôpital. Une fois de plus, tout le monde était d'accord qu'on ne saurait le niveau réel de sa dépression et ne pourrait donc la soigner efficacement qu'après plusieurs jours de sevrage sans héroïne.

La situation était confuse et je n'arrivais plus à garder de l'ordre dans mes idées.

Michael allait voir Morgane pendant la journée. Il était presque heureux quand il m'appelait après leur conversation. " Elle a l'air résolue à faire le nécessaire et elle est honnête. Je crois qu'elle va s'en sortir. " Il croyait ferme à son courage et à la force de AA et NA.

Je m'arrêtais à Serenity Lane le soir après le travail. Morgane était couchée, extraordinairement maigre sous les couvertures, et immobile. Elle avait toujours froid et dormait souvent quand j'arrivais. Je m'allongeais à côté d'elle, la prenais dans mes bras et me serrais tout le long de son corps pour la réchauffer.

Elle ne bougeait pas. Un soir elle a chuchoté : " Maman, j'ai tellement peur. Je ne sais pas si j'y arriverai. Je me sens tellement mal. "

" Mal comment ? "

" Faible, petite. Je ne peux rien faire. "

Je lui ai dit que c'était un cap très dur à franchir, mais que ça passerait, qu'elle irait mieux. Je ne sais pas si je le croyais, mais je ne voulais pas lui laisser voir mes doutes.

Chaque soir elle semblait affaiblie. Les infirmières m'ont dit qu'elle passait de plus en plus de temps au lit, sans bouger, sauf pour participer aux groupes, et qu'elle ne reprenait vie que quand son père ou moi lui rendions visite. " Quand vous partez elle rayonne. Mais ça disparait ensuite. Ça dure environ vingt minutes. " Alors nous restions aussi longtemps que possible, chacun séparément pour que l'effet dure plus longtemps.

Maia et Nicolas ne sont pas venus la voir. Ils détestaient les hôpitaux et ne savaient pas quoi lui dire, alors ils attendaient qu'elle rentre à la maison pour reprendre leurs conversations.

Le 13 novembre l'air était clair et le feuillage d'automne doré brillait au soleil. Michael et moi avions persuadé Morgane de faire une promenade avec nous dans les rues calmes du dimanche. Elle était si frêle qu'elle semblait avoir quatre-vingt-dix ans, marchant lentement en trainant les pieds, presque comme une aveugle. Chacun de nous lui a pris la main pendant que nous faisions le tour du pâté de maison. Un seul pâté de maison et ça a pris une éternité. Elle ne semblait pas consciente du soleil ni des arbres.

" Je ne sais pas si je peux continuer comme ça plus longtemps, " dit-elle.

" A marcher ? "

" Non, à vivre. Je n'ai pas la force. "

De retour dans sa chambre, son père et moi nous sommes assis de chaque côté d'elle sur le lit, serrés contre elle pendant qu'elle pleurait en tremblant. " C'est trop dur. Je ne peux pas continuer. "

Michael et moi sommes restés à côté d'elle comme si nous pouvions lui transfuser de la force et de l'espoir, et la protéger par la puissance de notre amour.

Je lui ai dit : " Ma chérie, si je te savais condamnée à vivre ce genre de souffrance pour toujours, je ne te demanderais pas de continuer. Mais regarde-moi. Tu sais que j'ai voulu mourir, de toutes mes forces, quand j'avais à peu près ton âge. Et tu sais que j'ai eu une belle vie et que je suis heureuse. "

"Oui, je sais. "

Michael aussi essayait de la réconforter. " On t'aidera à trouver ce qu'il y a de mieux pour toi. Je te fais confiance. "

Morgane a regardé chacun de nous à son tour avec un petit sourire triste. Mais c'était un sourire. Nous nous sentions mieux en rentrant à la maison. En essayant de consoler notre fille, nous avions réussi à nous apaiser.

Le lendemain, lundi, quand je suis allée la voir en sortant du bureau, elle était introuvable. Personne ne se souvenait de l'avoir vue au diner. Elle était probablement sortie de Serenity Lane l'après-midi, après la réunion du groupe de thérapie.

Michael et moi avons sillonné en voiture les rues et les ruelles où nous pensions qu'elle pourrait être. Nous avons appelé ses amis, et le policier. Maia et Nicolas aussi l'ont cherchée jusque tard dans la nuit. Nous ne savons pas ce qu'elle a fait. Aucune des personnes que nous connaissions ne l'a vue, et elle n'a appelé aucun de ceux que nous avons rencontrés depuis. Elle n'avait ni argent, ni domicile.

Un jour où nous étions allés la voir à l'hôpital près de la prison, elle nous a dit ce qu'elle avait appris à la suite d'une récente tentative de suicide. Je lui avais dit qu'elle devait avoir envie de vivre, puisqu'elle nous faisait savoir qu'elle était en danger. Elle a reconnu qu'elle avait signalé ses intentions sans s'en rendre compte, ce qui nous avait permis d'intervenir et de la sauver. " Mais la prochaine fois que je déciderai de me tuer, je ne ferai pas n'importe quoi, je m'y prendrai mieux. " Il n'y avait évidemment aucun moyen de savoir si cette prochaine fois était maintenant, mais ses paroles résonnaient de façon intolérable dans ma tête.

Mardi matin, j'ai annulé mes rendez-vous et suis allée à la maison où Morgane m'avait dit que le frère de Jason l'avait emmenée le jour où il l'avait initiée à l'héroïne. C'était une grande maison qui à ce moment-là servait à des squatters. Après avoir sonné à la porte j'ai attendu longtemps sur un perron sans éclairage.

La fille qui a ouvert était très pâle et maigre, avec des vêtements noirs légers et des piercings qui reflétaient la lumière d'un lampadaire. J'ai demandé à voir le garçon que Morgane connaissait. " Il n'y a personne ici de ce nom, " dit-elle. Il m'a semblé voir, dans une pièce à droite, des gens allongés sur des futons par terre. Un couvre-lit indien qui faisait office de porte flottait dans un courant d'air.

" Je cherche une fille qui s'appelle Morgane. Je voudrais entrer la chercher. "

" Non, vous ne pouvez pas. "

Un jeune homme, lui aussi très mince, est arrivé d'une autre pièce et la fille s'est tournée vers lui. Il avait des yeux très noirs et m'a regardée méchamment en me poussant vers la porte. " Partez ! " dit-il avant de claquer la porte derrière moi.

J'ai tout raconté à Michael quand je suis rentrée à la maison. Incapables de rester assis à attendre, nous sommes allés à tous les endroits qui nous venaient à l'esprit, de son appartement vide aux cafés qu'elle aimait. Nous avons appelé son ancien employeur et tous les gens avec qui elle était en contact, plus d'autres qu'elle avait rencontrés quand elle était enfant ou au lycée, et dans les groupes AA et NA. Nicolas et Maia ont aussi essayé de se souvenir d'autant de noms que possible, et les ont appelés.

À la tombée de la nuit, Michael et moi étions à la maison, discutant avec Nicolas ou appelant des amis proches pour ne pas devenir fous de peur. Finalement, nous sommes allés nous coucher. J'ai flotté dans un demi-sommeil, sursautant parfois quand mon cœur battait la chamade parce que j'avais pensé à des endroits où il fallait aller, ou des gens qu'il fallait contacter, comme si je ne l'avais pas déjà fait des dizaines de fois.

Quand on a sonné à la porte à minuit et demi, nous avons bondi tous les deux, le souffle coupé, avec la même idée — Morgane est revenue ! J'ai enfilé une robe de chambre pendant que Michael se précipitait vers la porte.

Je n'ai pas vu l'agent de police entrer quand Michael a ouvert la porte. Il lui a dit qu'on avait trouvé Morgane et qu'elle était morte. Il écrirait dans son rapport, " Le père a été momentanément submergé par l'émotion. "

Depuis la chambre j'ai entendu Michael pousser un cri de douleur. J'ai couru à l'entrée et Michael et moi, main dans la main, serrant très fort jusqu'à en avoir mal, avons écouté le policier nous dire ce qu'il savait.

Le gérant du studio de Morgane avait appelé la police à 22h10. Le locataire de l'appartement voisin avait entendu du bruit et, sachant que les lieux étaient censés être vacants, il avait appelé le gérant. Celui-ci avait trouvé le corps.

Nous sommes automatiquement allés nous assoir autour de la table de cuisine. Par habitude Michael a préparé du café pour le policier et lui. Je sentais des larmes tomber sur mes mains sans être consciente de pleurer. Je regardais fixement le policier, comme s'il pouvait donner un sens à cette absurdité, le gouffre qu'aucun pont ne pourrait franchir entre l'angoisse pour notre fille vivante et le fait que la mort venait de la détruire.

Le policier était jeune, la trentaine, et parlait doucement. Il était manifestement ému, mais aussi circonspect.

" Où est-elle ? " Comme si ça faisait une différence. " Comment est-elle morte ? " Je ne sais pas lequel de nous deux a posé quelle question.

" Le corps est à la morgue. Nous sommes à peu près certains que c'est une overdose. Il y avait une lettre. "

" Qu'est-ce qu'elle dit ? "

" Elle s'adresse à vous deux. "

" Vous l'avez ? "

Il a gardé la tête penchée, les yeux fixés sur la table plutôt que sur nous, parlant lentement. " On doit attendre le rapport du médecin légiste. "

" Le médecin légiste ? "

" C'est certainement un suicide mais il faut une autopsie pour éliminer une action criminelle. "

L'image d'un corps disséqué m'a traversé l'esprit. " Est-ce que je peux la voir, avant l'autopsie ? "

" Vous devez avoir la permission du médecin légiste. L'autopsie aura lieu demain matin. "

Il m'a donné le nom du médecin, un pathologiste à l'hôpital, et son numéro. Je me suis levée pour trouver du papier, et lui ai demandé de l'écrire, sachant que je serais incapable de m'en souvenir.

Il a continué. " Quand il nous aura donné son rapport, si c'est un suicide, on vous donnera la lettre. Les vêtements de votre fille sont dans l'appartement. Le gérant vous laissera entrer si vous voulez. " Il a aussi écrit ce numéro de téléphone.

J'ai hoché la tête. Je voulais voir autant de choses que possible, comme si chaque détail était un indice qui pourrait donner un sens à cet acte horrifiant. Et à ses conséquences désastreuses, l'éternelle absence de notre fille. Ce que je pouvais à peine contempler, encore moins comprendre.

Le policier est parti et Michael et moi sommes restés longtemps l'un contre l'autre, en silence, sans nous soucier d'essuyer nos larmes ou de nous moucher. Morgane était partie. Morgane en tant que personne n'existait pas. Le monde ne pouvait pas continuer, mon univers ne pouvait pas être réel sans son existence. C'était impossible.

Quand je me rappelle ces moments, c'est comme si je regardais à travers une minuscule fenêtre aux vitres claires comme le cristal. Mes yeux et mon esprit rationnel enregistraient chaque détail, mais le reste de moi était une masse d'émotions où l'inaccessible se mêlait à l'inconcevable. Comme s'il y avait une violente tempête à l'intérieur de moi.

Michael est allé au salon et moi dans notre chambre. Pas pour dormir, mais parce que je ne tenais plus debout.

J'avais perdu la sensation de mon propre corps et la capacité de penser. Pourtant j'étais éveillée, pleinement consciente de la disparition de Morgane et mes larmes ne cessaient de couler. J'avais mal aux yeux mais ne pouvais pas arrêter.

Pendant des heures, je ne suis pas arrivée à évoquer une seule image d'elle, pas la plus petite esquisse de son visage. J'avais tout perdu, même les souvenirs, et j'étais désespérée.

Puis j'ai senti un mouvement dans mon ventre, là où sa vie avait commencé vingt ans plus tôt. J'ai senti le poids et la rondeur qui augmentaient, les mouvements de son corps à l'intérieur, et enfin la pression de sa tête contre l'ouverture.

Mon corps se souvenait de l'accouchement, en temps réel, semblait-il. Les sensations étaient si riches et bienvenues que des larmes différentes, chaudes et apaisantes, se sont mêlées aux pleurs amers. Je flottais dans le souvenir et j'ai senti le col de l'utérus s'ouvrir comme la bouche de quelqu'un qui est étonné.

Les contractions puissantes de l'utérus m'ont fait penser à une main qui appuyait sur mon enfant pour la pousser en avant, vers sa destinée. Sa tête est sortie, son corps a glissé dans un enchevêtrement de membres, et j'ai senti un petit être nu qui gigotait sur ma poitrine et sa bouche qui tirait du lait de mon sein.

Je me suis levée avant l'aube pour rejoindre Michael, qui était debout dans la cuisine, immobile et dévasté. Son visage gonflé était incisé par des rides profondes, ses yeux rougis par les larmes, et ses bras pendaient le long de son corps, inutiles. Le poids de son chagrin en plus du mien m'a fait tituber, et j'ai voulu me sauver pour que ma propre douleur ne l'écrase pas encore plus.

Mais il fallait prévenir les enfants et le reste de nos proches, et organiser la journée, alors nous nous sommes assis pour discuter rapidement de nos choix et priorités. Avant tout je voulais m'assurer que nous pourrions voir Morgane une dernière fois. J'ai appelé l'hôpital, et le médecin légiste nous a autorisés à venir à la morgue. Il nous a dit de venir de bonne heure car l'autopsie commencerait à 8 heures. Il m'a aussi donné des conseils pour les dispositions à prendre pour la crémation que nous avions choisie.

Nous avons réveillé Nicolas, qui nous a rejoints au moment où on appelait Maia. Je ne me souviens pas de l'état de Nicolas, ni de ce que Maia a dit au téléphone. J'étais incapable d'absorber ce qu'ils ressentaient, d'imaginer ce que ça représentait pour eux de perdre leur sœur.

En leur annonçant qu'ils pouvaient voir le corps de Morgane, nous leur avons clairement dit qu'il n'y avait ni bon ni mauvais choix. C'était à eux de décider, mais ils devaient le faire vite. Nicolas a choisi de venir avec nous, pas Maia. Max était à ses côtés et je savais qu'elle pouvait compter sur lui. Aucun des deux n'a regretté sa décision.

Morgane était étendue sur une civière au centre d'une petite pièce vide, sous la lumière vive d'un plafonnier. Elle était recouverte d'un drap tiré jusqu'en haut de la poitrine, les bras le long du corps sur le drap. Ses cheveux bruns étaient tirés en arrière et son front bombé luisait. Pendant toute la journée où elle avait disparu, j'avais eu d'horribles visions de violence. Elle aurait pu se jeter du haut d'un immeuble, se tuer d'une balle de revolver, avoir été battue, égorgée. Réconfortée de la voir intacte, je me suis approchée pour la toucher. J'ai mis une main sur la sienne et embrassé son visage.

Mais bien sûr ce n'était pas elle. La peau était cireuse et froide, les doigts raides. Le visage avait perdu sa couleur, il était bleuâtre avec une ligne plus sombre près des oreilles, et le long des joues relâchées. Le profil restait familier, le nez fin et droit, et la bouche pulpeuse. J'ai caressé ses cheveux épais, qui semblaient les mêmes, comme les sourcils. J'étais à nouveau émue de voir le sourcil gauche relevé comme une petite aile en haut de l'arc. J'ai posé légèrement la main sur une épaule, un bras, on aurait dit du marbre lisse, tout son corps était comme une statue funéraire sur une tombe.

Nicolas, Michael et moi sommes restés immobiles pendant quelques instants, hors du temps, à regarder le visage de Morgane, chacun ayant une main posée sur elle, essayant d'atteindre l'inatteignable.

Quelqu'un a frappé, est entré pour indiquer la fin de la visite, et nous sommes sortis en silence.

CHAPITRE 14

Après

Que faire quand les enjeux sont énormes et on a déjà perdu ?
Je pouvais hurler de toutes mes forces, mon cri ne serait pas entendu, ce cri qui aurait pu la ramener du bord de l'abime. La partie avait été jouée et perdue depuis longtemps.

Comme si je ne pouvais pas m'arrêter de la chercher, je pensais reconnaitre Morgane quand je croisais une jeune femme et, pendant un moment, je croyais que ma main ou ma voix pourrait l'atteindre.

J'ai écrit ce qui suit au mois de mai 1997.

LAMBEAUX

Que s'est-il passé ?

Ton corps à la morgue semblait aussi solide que du marbre.
Pourtant j'ai vu tes dents aujourd'hui dans le sourire d'une jeune femme.
Elle riait avec ses amis
et j'ai voulu la secouer par les épaules, de toutes mes forces.
" Qu'est-ce que tu lui as fait ? "

Puis, doucement,
" Sais-tu où elle est, où je peux la trouver ? "

Ta mort semblait simple, sans mystère,
finie.
J'imaginais la vie comme un grand lac illuminé
par l'esprit,
qui avait créé ton image scintillante, parfaite,
disparue.
Mais j'ai vu tes cheveux épais et brillants
chez une fille qui prenait un café près de la
librairie.
Ma main s'est tendue, avide de lui caresser la tête,
la caresse imaginaire m'inondant d'un
intolérable désir.

Je n'avais pas à imaginer la terre détruisant ton
corps,
le feu l'avait fait.
Sentir les cendres dans ma main était étrange,
pas la substance fine sans poids que j'avais
imaginée,
mais dense et onctueuse au toucher.
Je ne sais pas pourquoi cela m'a troublée.
Et il y avait des petits morceaux d'os qui me
parlaient encore de toi,
réels, toi, pas une image.
Ce n'est pas si facile d'oblitérer une vie, ma petite
vandale.

Où étais-tu quand ton père et moi, à Denver,
nous sommes tous les deux arrêtés, le cœur
battant la chamade ?

Lui, les yeux écarquillés, s'est tourné vers moi,
confirmant ce que je voyais.
Elle était nerveuse, élégante et tendue, le
menton levé.
Ses yeux étaient foncés et ses cheveux bouclés,
mais nous savions, nous savions
que c'était toi à trente-cinq ans.
Les longues cuisses, le derrière rond,
la hanche droite projetée en avant, dans un
pantalon de cuir noir ajusté
et des bottes qui t'auraient fait mourir d'envie,
les épaules et le cou bien droits
dans une veste de cuir noire, sans doute italienne,
elle exprimait toutes tes ambitions et ta vitalité.
C'était toi, toi qui aurais parcouru le monde
avec Médecins Sans Frontières,
et acheté des vêtements à Milan sur le chemin
du retour.

Alors, dis-moi, que s'est-il passé ?
Est-ce que la mort t'a fait exploser en mille
morceaux,
parsemant l'univers de lambeaux de toi qu'il me
faut découvrir
dans une horrible partie de cache-cache.

Pendant plusieurs années je n'ai pas pu apprécier le soulagement de ne plus avoir à me demander ce que je pourrais faire pour ma fille, ou ce qui allait lui arriver. Il n'y avait plus aucune décision à prendre la concernant. Mais ça ne sert à rien de survivre à un accident de train si on reste coincé sous les décombres. La douleur était telle que je ne parvenais pas à me dégager. Je pouvais faire semblant parfois d'être heureuse pour Morgane qui ne souffrait plus mais, moi, je souffrais tout le temps.

Chaque décision prise pendant sa maladie pouvait servir à me flageller. Particulièrement celle d'avoir choisi Serenity Lane pendant le dernier mois de sa vie, plutôt que l'hôpital Menninger, au Kansas. Je me répétais les arguments qui avaient semblé convaincants à l'époque, qu'il était essentiel de protéger Maia et Nicolas, et qu'envoyer Morgane seule à 2,400 kms de Eugene nous aurait déchirés, elle autant que nous. Et ce n'était pas garanti que ça lui aurait sauvé la vie.

J'étais néanmoins furieuse. " Tu n'as pas fait tout ce que tu aurais pu. Tu devrais avoir honte de dire que tu aimais cette enfant plus que toi-même. Vous vous êtes protégés, vous avez choisi votre confort, et la vie que vous auriez après elle, même avant sa mort. "

" Et toi aussi Morgane, tu n'aurais pas dû être si intransigeante, refuser de faire des compromis, d'accepter ton sort et de vivre avec ce que tu avais. "

Personne ne pouvait savoir ce qui serait arrivé si elle avait vécu, créant peut-être encore plus de confusion et de déchirements pour tout le monde. Je connaissais les parents de plusieurs de ses contemporains, qui avaient pendant des années envoyé leurs enfants dans divers centres de traitements, sans empêcher des rechutes désastreuses et des tentatives de suicide. Personne ne peut deviner l'avenir mais, bien que ce soit futile, je continuais à me poser les mêmes questions.

Nicolas aussi se sentait coupable de ne pas être allé voir Morgane à Serenity Lane. Il a été incapable de le dire à qui que ce soit pendant presqu'un an, jusqu'à ce que ça lui pèse trop et il a fini par nous en parler. " J'ai l'impression qu'elle est allée à l'hôpital pendant toute ma vie. Elle était très malade, et puis elle allait mieux, et ensuite elle sortait. J'ai pensé que je la verrais quand elle sortirait. " Son père et moi l'avons rassuré que c'était logique de penser cela, basé sur ce qu'il savait à l'époque.

Il semblait apaisé quand il est parti à l'université au Colorado pour faire des études d'ingénieur.

Même si je ne regarde pas le calendrier, le changement de lumière annonce que la saison du chagrin et des regrets arrive. Les mois d'octobre et de novembre ravivent les souvenirs de Morgane et de notre désarroi. Les souvenirs sont plus envahissants, le chagrin plus brulant. La semaine entre le 7 novembre, le jour où elle est née, et le 15 novembre, celui où elle est morte, offre une version abrégée de sa vie. Elle y a la place centrale, et je suis prise en otage par son histoire et mon amour pour elle.

Je ne fais aucun plan pour la journée du 15 novembre, car je veux rester ouverte aux idées et émotions qui se présentent. C'est différent chaque année. Le 15 novembre 1997, je me suis réveillée avec un intense regret de ne pas avoir été avec elle lorsqu'elle est morte, de l'avoir laissée mourir seule.

Ce n'était pas la première fois que j'y pensais. J'avais le cœur brisé quand je l'imaginais. Si seulement j'avais pu lui tenir la main, lui dire que je l'aimais. Je savais pertinemment, bien sûr, que si j'avais été présente j'aurais murmuré : " Tiens bon, tu es déjà passée par là, tu vas aller mieux. " Je me serais battue avec elle pour la maintenir en vie, comme l'aurait fait toute personne qui l'aimait.

Mourir seule dérivait de sa décision de se tuer et, trois ans plus tard, ce fait m'a plongée dans une tristesse si intense qu'elle risquait de m'engloutir.

Alors, sachant que dans le domaine des émotions le temps n'est pas linéaire, j'ai décidé de tenir symboliquement la main de Morgane en évoquant tout ce que j'avais appris sur la dernière journée et les dernières heures de sa vie.

Elle avait écrit la lettre d'adieu qu'elle nous destinait à l'encre verte, sur une feuille de papier identique à celles de son dossier de Serenity Lane. Elle était datée du 14 novembre, son dernier jour là-bas, et pliée en quatre. Elle l'avait donc écrite avant de partir et mise dans sa poche.

> *Je sais que je suis toxicomane. Je sais que c'est une maladie mortelle. J'ai essayé de m'en sortir pour mes amis et ma famille. Enfin, ma famille, parce que je vous aime et je sais que vous m'aimez. Le problème c'est que je ne m'aime pas assez. Je suis désolée. Un jour, s'il vous plait, pardonnez-moi. Ma vie a été si douloureuse.*
>
> *Je suis désolée. M*

Je ne sais pas quand elle a conçu le plan de se suicider. Probablement avant de partir de l'hôpital psychiatrique, puisqu'elle a dit à Maia qu'elle avait acheté un revolver peu après nous avoir quittés, son père et moi, devant la prison.

Comme elle n'a pas forcé la porte pour entrer dans son ancien appartement, je suppose qu'elle avait caché une clé quelque part à côté et qu'elle s'était assurée que l'appartement n'avait pas été loué à quelqu'un d'autre. Comment a-t-elle acheté l'héroïne ? Il n'y avait pas d'argent dans son portefeuille quand on a fait l'inventaire au moment de sa dernière admission à Serenity Lane. Peut-être avait-elle caché le revolver avec la clé, et l'avait vendu ou échangé contre l'héroïne.

Quand je suis entrée dans l'appartement le lendemain de sa mort, j'ai été bouleversée de voir ses vêtements soigneusement pliés en tas dans la pièce vide, comme la police les a trouvés selon leur rapport dont nous avions obtenu une copie. J'étais persuadée que les plier était un acte d'amour, qu'elle avait choisi de nous laisser le moins de désordre possible. Ceci correspondait au ton de la lettre, qu'elle avait mise bien en évidence sur l'évier de la cuisine, en face de la porte où quiconque la verrait en entrant.

Le corps de Morgane était dans la baignoire dans quelques centimètres d'eau. La police a trouvé un cercle de résidu brun dans une cuillère, et des seringues neuves sur une étagère dans la cuisine. Je présume qu'elle s'était allongée dans la baignoire parce qu'il n'y avait pas de lit et qu'elle avait fait couler de l'eau chaude parce qu'il faisait froid. La chaleur l'aiderait aussi à trouver une veine. Il y avait une seringue sur le bord de la baignoire et, à côté, un cordon bleu et des résidus brunâtres dans la seringue.

Le médecin légiste a conclu : " La cause de la mort est attribuée à une intoxication aigüe aux opiacés. La nature du décès est estimée être le suicide. "

Morgane n'est pas morte immédiatement. Le pathologiste a découvert une bronchopneumonie sévère due à l'aspiration de vomi dans les poumons, dont elle avait encore quelques traces dans la bouche. Le voisin a dit à la police qu'il avait entendu des ronflements ou gémissements sonores pendant près d'une heure avant d'appeler le gérant.

Ce détail était particulièrement éprouvant car nous avions tous trouvé un certain réconfort en imaginant que Morgane était morte immédiatement, dans une bulle euphorique, trouvant la paix qu'elle recherchait. Elle n'était probablement pas consciente pendant la dernière heure, mais personne ne connait la nature de l'espace qui sépare la vie de la mort.

Pendant les tristes années qui ont suivi sa mort, j'ai souvent pensé que j'étais immergée dans les eaux noires de la rivière Styx, que les anciens grecs imaginaient comme la frontière entre les morts et les vivants. Ils croyaient que les âmes des morts la traversaient pour arriver dans leur nouvelle résidence sur l'autre rive.

J'ai même eu l'idée d'essayer l'héroïne, quoique sans enthousiasme, pour voir ce qu'était cette chose qui méritait qu'on meure pour elle. Rencontrer son tendre assassin. Partager cette expérience avec ma fille, qui maintenant m'attirait vers la mort.

J'avais arrêté de travailler cinq mois après sa mort parce que je ne me sentais pas capable de m'occuper des patients suicidaires que je soignais. Non seulement j'étais assaillie par des souvenirs horribles quand je les écoutais, mais j'ai remarqué un dangereux changement en moi. Par exemple, en entendant une femme me raconter qu'elle devait constamment lutter contre ses pulsions suicidaires, j'ai pensé qu'elle avait peut-être assez souffert et que ce serait mieux si elle arrêtait de lutter. J'étais certaine qu'elle finirait par sentir que mon envie de se battre pour elle avait faibli, et les conséquences me terrifiaient.

Une autre patiente m'a dit, à la date anniversaire de sa tentative de suicide : " J'ai pu résister pendant des années parce que vous étiez à mes côtés. Mais depuis que votre fille est morte, vous n'êtes plus aussi forte et je crois que je vais me tuer. " Ses paroles m'ont frappée comme un coup de poignard, mais elle avait raison et je l'ai persuadée de travailler avec un autre psychiatre. Mes patients avaient besoin de quelqu'un de plus fort, pas de quelqu'un qui se noyait dans les remous du chagrin.

En 1997, le jour du troisième anniversaire de la mort de Morgane, j'ai compris que je ne lui avais pas permis de traverser la rivière Styx. Mes questions la retenaient, comme une main agrippant son bras. Je voulais savoir pourquoi elle s'était tuée, pourquoi elle n'avait pas attendu plus longtemps, pourquoi elle ne nous avait pas fait confiance de trouver un moyen pour qu'elle aille mieux. Je voulais lui dire qu'elle était trop jeune pour faire ce choix mortel, lui rappeler que j'avais survécu à des épisodes suicidaires, et la convaincre que je pourrais lui montrer comment le faire.

Mais je ne peux pas ignorer ce qu'elle nous avait dit pendant la dernière semaine de sa vie, à Serenity Lane. " J'ai tellement peur. Je ne sais pas si j'y arriverai. Je me sens tellement mal. Je ne sais pas si je peux continuer à vivre. Je n'ai pas la force. "

Je n'y avais pas pensé sur le moment, mais il me semble parfois que la mort qu'elle désirait n'était pas en dehors d'elle, mais plutôt en elle, envahissant son corps comme une leucémie.

Je me suis aussi souvenue de ce que nous avait répété le conseiller qui dirigeait la dernière séance de thérapie de groupe où Morgane était présente. Elle avait dit aux autres participants que ses parents lui avaient donné la permission de vivre ou de mourir. Je lui avais en effet dit, après la promenade du dimanche, que si je savais qu'elle serait condamnée pour toujours à tant souffrir, je ne lui demanderais pas de continuer. Mais c'était dans un contexte d'encouragement, et elle avait souri ensuite. J'oscillais entre me sentir coupable qu'elle ait interprété mes paroles autrement, et être contente qu'elle ne nous ait pas considérés comme des ennemis au moment de sa mort.

J'étais si préoccupée par tout cela que moi non plus je ne pouvais pas aller de l'avant. Alors, le 15 novembre 1997, j'ai décidé de ne plus lui poser de questions, la supplier ni plaider qu'elle fasse d'autres choix. Pour rester symboliquement à ses côtés jusqu'à la fin de sa vie, je devais lui accorder le droit de choisir ce que je détestais. Je devais respecter le fait que cette décision lui appartenait.

J'ai rassemblé mes forces pour me concentrer avec amour sur ses derniers moments. J'ai imaginé que je m'accroupissais à côté de la baignoire où elle était étendue et retenais mon souffle pendant qu'elle remplissait la seringue avec la drogue dissoute, trouvait une veine gonflée et y enfonçait le poison. Que je lui tenais la main après qu'elle ait lâché la seringue, jusqu'à ce que ses doigts se détendent et que je sache qu'elle avait franchi le seuil de la mort. Puis j'ai ouvert la main et senti qu'elle partait en glissant vers l'inconnu.

Je me suis retrouvée seule, et suis restée immobile pendant un moment de calme profond. Puis je suis allée marcher dans les bois. C'était comme si j'avais abandonné les eaux glacées de la rivière Styx pour retourner sur la terre des vivants. En marchant, je répétais dans ma tête la phrase : La mort est dans l'ordre des choses. Cette phrase m'a accompagnée et réconfortée pendant les années à venir.

Au-dessus de mon bureau à la maison, j'ai accroché une photo que j'avais trouvée dans un magazine, d'une femme algérienne qui avait perdu toute sa famille à la suite d'une attaque terroriste dans son village pendant une guerre civile. Sa bouche grande ouverte dans un cri de deuil, et ses yeux résolument fermés reflétaient ma douleur dans les jours qui suivirent la mort de Morgane. Un regard vers la photo me rappelait que je n'étais qu'une parmi la vaste confrérie des mères endeuillées.

Je me souviens aussi d'une phrase d'Eschyle gravée sur la tombe de Robert Kennedy. " Même dans notre sommeil, la douleur qui ne peut oublier tombe goutte à goutte sur notre cœur jusqu'au moment où, du fond de notre désespoir, contre notre gré, arrive la sagesse par la grâce terrible de Dieu. "

Depuis lors le chagrin est aussi profond que jamais quand je le ressens. Mais il n'est pas aussi étendu, il ne recouvre plus le monde entier. Pendant longtemps, j'ai été incapable de me rappeler quoi que ce soit de la vie de Morgane, à part les derniers mois. J'avais ainsi tout perdu d'elle, ce qui ajoutait à mon chagrin. Tous les souvenirs des joies passées ne sont pas revenus et je ne suis pas certaine qu'ils reviennent un jour.

Pendant les mois qui ont suivi sa mort, ce qui a le mieux apaisé ma souffrance était d'écouter les Goldberg Variations de Jean Sébastien Bach. Ce n'est que des années plus tard que j'ai compris pourquoi cette musique adoucissait ma peine.

Dans l'obscurité d'une salle de concert, des larmes brulantes me sont montées aux yeux, et j'ai cru que j'allais étouffer et devoir quitter la salle. Mais l'amie assise à côté de moi, qui avait connu mes enfants, m'a pris la main et nous avons pleuré ensemble, laissant la musique nous emporter. J'ai senti la paix m'envahir et, longtemps après que le pianiste ait quitté la scène, je suis restée assise, débordante de gratitude.

C'est le lendemain matin, seule aux premières lueurs du jour, que j'ai compris le sens de cette expérience. Dans les parties successives du morceau, Bach donne son dû à chaque émotion. Il semble s'abandonner à un sentiment, sans résister à son intensité, mais la forme reste extrêmement structurée, suggérant qu'il peut y avoir de l'ordre dans ce qu'on ne peut pas contrôler. Il retient l'émotion tout en l'exprimant. Il cède à la tristesse, et la musique est douce et lente puis, un moment plus tard, elle s'envole dans une danse allègre.

L'extrême douleur est présente, la joie aussi.

CHAPITRE 15

Depuis

Pendant les dix ans qui ont suivi la mort de Morgane, notre deuil partagé a resserré les liens entre Nicolas, Maia, Michael et moi, et nous avons pris soin les uns des autres. Nous avons des vies complètes, séparées mais connectées.

Michael et moi nous sommes graduellement remis. Maia et son mari ont construit une famille forte et leurs deux enfants connaissent Morgane de nom. Nicolas a retrouvé la joie, et sa femme et lui ont aussi eu deux enfants.

Michael et moi, divorcés en 2001, nous sommes retrouvés jusqu'à sa mort pour partager des évènements familiaux, joyeux et tragiques, parce que notre famille est unie par l'amour. La mort de la femme de Nicolas a été la pire des tragédies, encore plus dévastatrice pour lui évidemment que celle de sa sœur.

La vie m'a guérie grâce à la famille, les amis, et la beauté de la nature. Je suis surprise de me réveiller souvent avec un sourire aux lèvres, comme si les jours de peur, d'horreur et de douleur ne m'avaient rien appris. Je me demande parfois si le bonheur n'est pas un leurre, comme une drogue qui altère le jugement. Comme si le destin me tendait une boisson empoisonnée et que je la sirotais en souriant.

Éros et Thanatos, la vie et la mort, qui jouent avec nous comme avec des marionnettes, tirent les ficelles de ma vie. L'un m'attire tandis que l'autre se lèche les babines avec impatience.

Je peux choisir de me lancer dans une aventure, de faire quelque chose qui m'attire, à condition de ne pas oublier qu'il y aura un prix à payer et que ça pourra me couter très cher. En fin de compte Éros cédera la place à Thanatos.

La mort est inévitable, ce qui ne gâche pas la beauté de la vie.

La plupart du temps je suis heureuse de voir le jour se lever et accueille la journée avec plaisir même si je ne suis pas sûre de ce qu'elle va apporter. Quand je pense au sort et à la destinée, je me souviens des dieux de l'Olympe qui m'avaient charmée quand j'étais enfant. Beaux et tragiques, poussés par des désirs et des passions intenses, ils agissaient souvent sans raisons valables. Après tout, leur ancêtre, avant Chronos, était Chaos.

Il y a tant de choses qui m'échappent, que je ne peux pas comprendre. Pourtant, fascinée par l'impénétrable qui entoure le peu qui est visible, je suis attirée par les endroits où la lumière joue avec l'obscurité. Je désire approcher les mystères de près, même si je risque de me bruler.

Bien des années après la mort de Morgane, j'ai visité la chapelle Sixtine. Les couleurs du plafond de Michel-Ange étaient éclatantes après une rénovation récente. J'ai été surprise de fondre en larmes quand que j'ai levé les yeux sur la fresque. Ce n'est pas l'image du Créateur qui m'a tant émue, comme cela aurait pu être le cas quand j'étais jeune, mais plutôt la façon dont Adam tend la main vers le doigt de Dieu. Il accepte la vie et son destin avec grâce et bonne volonté, une sorte de consentement nonchalant, comme s'il disait : " Je ne sais pas à quoi je m'engage, mais je suis d'accord. "

Il y a dans son expression, gentiment sceptique mais pas critique, une confiance poignante envers les sources inconnues et mystérieuses de la vie qui lui est offerte. Ce qui me semble un élément central de la dignité humaine.

Et c'est ainsi que je veux vivre.

www.ingramcontent.com/pod-product-compliance
Lightning Source LLC
LaVergne TN
LVHW021821060526
838201LV00058B/3475